岁月留痕 3

SUIYUE LIUHEN

主编 林楚涛

上海教育出版社
SHANGHAI EDUCATIONAL
PUBLISHING HOUSE

亲爱的同学，当你打开这本书时，你就开启了一段惬意的旅程。从相遇、相知，到相伴前行，淡淡的书香将一直萦绕在你身边。

在初中语文教材里，你会读到许多名篇佳作，你将会沉浸在充满智慧、有温度的文字世界中，语文素养自然会得到提升。面对神秘奇幻的自然、日新月异的世界、渐趋丰盈的人生，每册教材中的二十几篇课文，恐怕很难再满足你的阅读需求，你的阅读理应更广泛、更自由、更专业。如何让课内外读物有机融合成滋养你成长的沃土？如何让点滴的阅读收获汇聚成助推你遨游书海的动力？我们汇聚全国各地的名师，在研读教材的基础上精选文章，设计帮你实现高效阅读、自主学习的平台和支架……

于是，便有了摆在你面前的这本书。

这本书分为经典诵读、单元学习、整本书阅读三个板块。

第一个板块是“经典诵读”，所选古诗词历久弥新。针对诗词中可能会给你造成阅读障碍的生字难词，我们加注了读音和注释，且辅以专业诵读音频供你赏听以及鉴赏资料供你查阅。希望你能利用每天的晨读或其他课余时间反复诵读，持之以恒，假以时日，定能厚积薄发。

第二个板块是“单元学习”，我们精心挑选了一组与课文主题相关的文章，组合成一个阅读单元，让你在学习课文的基础上拓展阅读更多佳作；针对教材中的每个写作主题，我们也选取了相应的文章（含片段）组成单元，为你的写作指引方向或触发灵感。其中“范文阅读”“组文阅读”“自由阅读”和“类文阅读”四个小标签可提示你采用不同的方式进行阅读。选文之外还附有单元导语、旁批、学习提示、单元学习任务等助读工具，为你的自主阅读提供助力。

带有“范文阅读”标签的文章最贴近教读课文的学习要点，你可以在学过教读课文后，参看这些范文中的旁批和文后的学习提示进行阅读，习得课内所学。

带有“组文阅读”标签的文章都与教读课文主题相关，帮助你在多篇文章的比较阅读中拓宽视野、发展思维、形成能力。阅读时，你可以参看文后的单元学习任务，运用阅读所得解决实际问题，提升语言文字的实际运用能力。

带有“自由阅读”标签的文章与自读课文相关联，你可以根据自己的需要、兴趣自主选择阅读，多读、少读、深读、浅读皆可，如能养成边读边做批注的习惯，你会邂逅更多精彩与惊喜。

带有“类文阅读”标签的是一组与单元写作要求相匹配的文章。这组文章的首篇附有旁批，配合单元写作重点为你的写作实践提供技巧点拨。

第三个板块是“整本书阅读”，推荐书目多为《义务教育语文课程标准（2011版）》中建议初中生阅读的名著。我们设计了“阅读导航”“精彩选篇”“阅读规划”“交流平台”等助读工具，若能激发你的阅读兴趣，为你提供科学的方法指导，助你养成主动阅读整本书的习惯，我们将由衷地感到欣慰。

愿这本书能陪伴着你在阅读的黄金时期，与经典交流，与大师对话，帮助你积累知识，开阔视野，丰富心灵，培育精神，做睿智、优雅的人！

顾之川

经典诵读

第一单元　峡江探幽

范文阅读

组文阅读

第二单元　风月寄情

范文阅读

组文阅读

第三单元　山水独绝

自由阅读

第四单元　风物如诗

范文阅读

组文阅读

第五单元　学习描写景物

类文阅读

整本书阅读

在经典中浸润，在诗海中徜徉，让心灵开始一次雅韵悠长的旅程。从《诗经》到宋词，从田园到边塞，从婉约到豪放，从现实主义到浪漫主义……那些作品，或率真质朴，或清幽缠绵，或慷慨刚健，或隽永蕴藉，寄托了中华儿女的家国情怀，传承着博大精深的中华文明。

有了诗词的濡染，我们的学习自当渐入佳境；有了经典的浸润，我们的生活定会异彩纷呈。

扫码收听朗诵音频

1. 杂诗（其二）[①]

⊙〔唐〕王维

君[②]自故乡来，应知故乡事。
来日[③]绮窗[④]前，寒梅著花[⑤]未[⑥]？

赏析

这首诗写游子在遇到家乡故人时，询问窗前寒梅是否开花一事，含蓄深沉地表达了游子对家乡的深切思念。对于一个身在异乡的人来讲，忽然遇到来自故乡的旧友，首先激起的自然是强烈的思乡之情，是急于了解故乡情况的心情。开头两句，正是以一种不加修饰、接近于生活的自然状态的形式，传神地表达了“我”的这种感情。关于“故乡事”，“我”想知道的太多，但又不能一一询问，所以独问对方：“来日绮窗前，寒梅著花未？”在表达思乡之情的同时也自然流露出对梅花的喜爱之情。诗中“寒梅”已不是一般的自然之物，而是故乡和亲人的象征。千种关心，万种思念，只寄于“寒梅”一问，含蓄蕴藉，有“悠扬不尽之致”，引人深思。《唐人万首绝句选》评：“问得淡绝妙绝……此亦以微物悬念，传出件件关心，思家之切。”

---

① 杂诗：指不受成例约束，即景抒情的诗。《杂诗》共三首，这里选的是第二首。

② 君：对对方的尊称，您。

③ 来日：来的那一天，来的时候。

④ 绮（qǐ）窗：雕刻有花纹图案的窗户。

⑤ 著（zhuó）花：开花。

⑥ 未：相当于“否”，表示询问的语气。

扫码收听朗诵音频

2. 绝句二首（其二）

⊙〔唐〕杜甫

江[①]碧[②]鸟逾[③]白，山青花欲燃[④]。
今春看[⑤]又过，何日[⑥]是归年[⑦]？

---

① 江：锦江。杜甫草堂旁边的河流，位于浣花溪畔。

② 碧：透明的绿色。

③ 逾：通“愈”，越发，更加。

④ 欲燃：将要烧起来，这里是形容鲜红的颜色。

⑤ 看：眼看着。

⑥ 何日：什么时候。

⑦ 归年：回去的时候。

这首诗是杜甫于广德二年（764）春天时所作。前两句描写的是具有中国南方特点的春天景色。江、鸟、山、花四种事物，与碧、白、青、赤四种色彩，以对句的形式组合在了一起，给人以强烈鲜明的印象。后两句表现的是想北归而不能的忧愁。在这里，诗人渴望回到的地方与其说是自己的故乡，倒不如说是都城长安了。

此诗的艺术特点是以乐景写哀情，唯其极言春光融洽，才能对照出诗人归心殷切。漫江碧波荡漾，显露出白翎的水鸟，掠翅江面，一派怡人的风光。满山青翠欲滴，遍布的朵朵鲜花红艳无比，简直就像燃烧着一团旺火。春末夏初景色不可谓不美，然而可惜岁月荏苒，归期遥遥，非但引不起游玩的兴致，反而勾起了漂泊的感伤。诗中并没有让思归的感伤从景象中直接透露出来，而是以客观景物与主观感受的不同来反衬诗人乡思之深厚，别具韵致。

扫码收听朗诵音频

3. 塞下曲六首（其二）①

⊙〔唐〕卢纶

林暗草惊风②，将军夜引弓③。
平明④寻白羽⑤，没⑥在石棱⑦中。

---

① 卢纶《塞下曲》共六首一组，分别写发号施令、射猎破敌、奏凯庆功等军营生活。此为组诗的第二首。因为是和张仆射之作（诗题一作《和张仆射塞下曲》），语多赞美之意。

② 惊风：突然被风吹动。

③ 引弓：拉弓、开弓，这里包含下一步的射箭动作。

④ 平明：天刚亮的时候。

⑤ 白羽：指箭，因箭身装有鸟的羽毛。

⑥ 没（mò）：指箭镞（zú）射入。

⑦ 石棱：石头突起的部分。

这首诗写将军夜晚出猎，见丛林茂密处风吹草动，以为是猛兽，于是弯弓射去。天亮寻找箭羽，发现箭竟射入一块石头里。通过这一典型情节，表现了将军的勇武。诗的取材出自《史记·李将军列传》：“广出猎，见草中石，以为虎而射之。中石没镞，视之石也。”首句，“林暗草惊风”，不仅把将军出猎的时间、地点交代出来，而且蓄足一种气氛，天色已晚，疾风吹来，草木摇动，尤以一“惊”字，渲染出一种紧张气氛。次句写将军射猎，镇定自若，从容不迫。末两句富于戏剧性。写翌日清晨，将军搜寻猎物时，发现箭射中的并非猛虎，而是“石棱”。“石棱”是石头的突起部分，箭头要钻入尤不可想象。神话般的夸张，为诗歌涂上了一层浪漫主义色彩，让人不由得联想起战场上将军将是何等英勇善战。

扫码收听朗诵音频

4. 江楼感旧[①]

⊙〔唐〕赵嘏

独上江楼思渺然[②]，月光如水水如天。
同来望月人何处？风景依稀[③]似去年。

这是一首登楼怀旧之作。前两句写当前登楼所见所感。首句点出“江楼”，为次句所展示的景色提供条件。“独上”隐然带有强调自身孤孑的意味，与下“同来”对应。第二句转笔写了江楼所见的月光、水色和天空，并用两个“如”字将这三者连成一个空明澄澈、广远无边的境界。第三句是由眼前所见“月光如水水如天”的景象所触发的感慨。今夕“独上江楼”望月，触动诗人对去年“同来望月”的记忆，然而“同来”的人此刻却不知到哪里去了。这一句与其说是设问，不如说是诗人发自心底的一声长叹。第四句是一个极富韵味的结尾。“依稀”二字，自然精妙，刻画入微。它传出诗人因昔日同来之人不在，连带着觉得景物也涂上了一层孤清迷茫的色彩。物是人非，是表达怀旧感情时常用的词语，其实，景物无论就它本身的形态或它在不同情境的人的主观感受中，都只能是大略相似而不能尽同。这里用“风景依稀似去年”来形容，实在是十分细微而准确的抒情。

① 感旧：感怀往事。

② 渺然：辽阔深远的样子。

③ 依稀：仿佛，好像。

扫码收听朗诵音频

5. 丰乐亭[①] 游春（其三）

⊙〔宋〕欧阳修

红树[②] 青山日欲斜，长郊[③] 草色绿无涯[④]。
游人不管春将老[⑤]，来往亭前踏落花。

赏析

这首诗淋漓尽致地表现出丰乐亭周围的明媚春景及游人尽情赏春的情景。红树、青山、无涯的绿，把大自然的美景描绘得绚丽多彩。“日欲斜”暗示了游玩时间之长，表达出游人乐而忘返的游兴。“不管”二字，尤能传达出游人乐陶陶的赏春情态。本诗很能体现诗人用散文笔法作诗的特点。

① 丰乐亭：在今安徽滁州市琅琊山，是欧阳修任滁州太守时建造的。

② 红树：指鲜花盛开的树。红，花的代称。

③ 长郊：广阔的郊野。

④ 无涯：没有边际。

⑤ 春将老：春天即将过去，比喻将近暮春。

扫码收听朗诵音频

6. 蝶恋花·春景

⊙〔宋〕苏轼

花褪[①]残红青杏小。燕子飞时，绿水人家绕。枝上柳绵[②]吹又少，天涯何处无芳草[③]！

墙里秋千墙外道。墙外行人，墙里佳人笑。笑渐不闻声渐悄[④]，多情却被无情恼[⑤]。

---

① 褪（tùn）：枯萎，凋谢。

② 柳绵：柳絮。

③ 天涯何处无芳草：谓春光已晚，芳草长得到处都是。

④ 笑渐不闻声渐悄：指墙外行人已渐渐听不到墙里荡秋千女子的欢声笑语了。悄，寂静无声。

⑤ 多情却被无情恼：指女子之笑本出于无心，行人听见墙里女子笑声之后，枉自多情烦恼。多情，指墙外行人。无情，指墙里女子。恼，引起烦恼。

本词为一首伤春之作。它将伤春与旷达，多情与无情统摄为一体，由情入理，写伤春又不止于伤春，意境清新，文辞流丽，耐人寻味。

上片写暮春景色兼抒伤春情怀。前三句描绘出一幅明丽的暮春风景图，有色调的搭配——红瘦绿肥；有动态的捕捉——燕子飞，绿水绕。再接一句情、景、理三者叠加的切换，境界豁然开朗。人们尽可以从“枝上柳绵吹又少，天涯何处无芳草”两句得出与自己相配的意趣，前句“枝上柳绵吹又少”饱含感伤之情，而“天涯何处无芳草”却将前句的失意翻转成“柳暗花明又一村”似的明快，自信之态如在眼前。

下片转为写人。又一幅暮春秋千图，从声音到情态甚至衣袂飘曳的可人之状呼之欲出。一堵墙隔得恰到好处，墙外行人被墙里秋千以及美妙的声音打动，却因墙隔着而不得见其貌，至“恼”字将这种朦胧的美妙收住，让人回味无穷。

7. 寄　兴[①]

⊙〔宋〕戴复古

黄金无足色[②]，白璧[③]有微瑕[④]。
求人不求备[⑤]，妾[⑥]愿老[⑦]君家。

---

① 寄兴：寄托某种感触。诗题共二首，这是第二首。

② 足色：十足的成色。

③ 璧：玉器，泛指美玉。

④ 瑕：玉上的斑点。

⑤ 备：完备、完美。

⑥ 妾：妇女的自称。

⑦ 老：一直，永远。

诗的大意是说：世上金无足赤，玉有微瑕。只要对我这个妻子不求全责备，吹毛求疵，我就愿意在夫君家里忠诚地过一辈子。显然这是一首寄怀深远的寓意诗，核心是讲识才、用才之道，对象是执掌权柄的人。这里的“君家”乃一语双关，表面上是指夫家，实际上讲的是君王之家，旧时的士子奉行的都是“学成文武艺，货与帝王家”。现在我们也常用此诗来说要宽厚待人，理解别人的缺点和不足。

这首诗以质朴的语言、形象的比喻，描述了一位妇女对丈夫的忠贞感情。开头两句运用比兴手法，向人们揭示了“金无足赤，人无完人”的哲理。第三句“求人不求备”，承接前两句而来，由物及人，是全诗的重点。既然世界上没有十全十美的东西，当然也不会有十全十美的人了。正是基于这样的正确认识，这位女子才旗帜鲜明地表白道：“妾愿老君家。”可见她是多么富有卓见，多么通情达理，多么坚贞不渝啊！

8. 明日歌

⊙〔明〕钱福

明日复[①]明日，明日何其[②]多。
日日待[③]明日，万事成蹉跎[④]。
世人皆被明日累[⑤]，明日无穷老将至。
晨昏滚滚水东流，今古悠悠[⑥]日西坠[⑦]。
百年[⑧]明日能几何[⑨]？请君听我《明日歌》。

---

① 复：再，又。

② 何其：何等，多么。

③ 待：等待。

④ 蹉跎（cuō tuó）：光阴虚度。

⑤ 累：牵累，使受害。

⑥ 悠悠：漫长的样子。

⑦ 日西坠：太阳向西落下。

⑧ 百年：指人的一生。

⑨ 几何：多少。

这是一首劝诫歌。全诗以通俗的语言，民歌的形式，讽喻许多人不珍惜时光，虚度一生。告诫人们：人生有限，时间珍贵，应该珍惜年华，不要把今天的事推到明天去做。同时，这首诗蕴含哲理，人的一生占有的时间，是有限的、短促的，但只要珍惜时光，及时努力，不虚度年华，则人一生的时间，相对地就长了，说明了时间有限与无限的辩证关系。

什么是绝句（一）

绝句是近体格律诗的一种形式，五、七言均为四句，有一定的平仄粘对规则，一般双数句押平声韵（少数押仄声韵），故又称“律绝”，然而，这仅是唐以后的绝句概念。在此以前，四句的五、七言诗早有称为“绝句”的。这种古绝句，除四句一首这一显著特征外，不讲究平仄、音韵、粘对的严格法则。就诗歌分类而言，古绝句实际上可视为形式自由的古体诗。

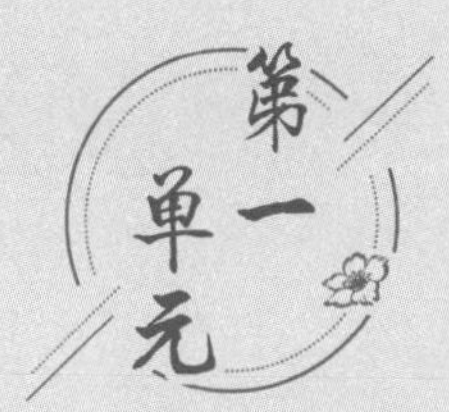

峡江探幽

幽谷美景，江流胜境，造化精妙于山水之间，或奇峭突兀，或迂回蜿蜒，或高耸凝滞，或源深浩渺。滚滚江河，巍巍山峡，留下大自然鬼斧神工的印记。古今多少游人客子，探幽峡谷，荡舟清江，只为目睹心驰神往的天地奇景，在山川风物间体会传说与历史的况味。

阅读本单元文章，要借助联想和想象，感受文章描绘的情境。作者常常只用寥寥数语，即可将景物特征鲜明地表现出来。同学们不仅要在把握不同季节景物特点的基础上，对那些写景状物如在眼前的精美词句进行细致品味，体会作者寄寓其中的情怀，还要在反复诵读中感受文章句式整齐、声韵和谐的特点。

1. 西陵峡[①]

⊙〔北魏〕郦道元

江水又东，迳[②]西陵峡，《宜都记》曰：自黄牛滩东入西陵界，至峡口百许里，山水纡曲，而两岸高山重嶂，非日中夜半，不见日月。绝壁或千许丈，其石彩色，形容[③]多所像类。林木高茂，略尽冬春。猿鸣至清[④]，山谷传响[⑤]，泠泠[⑥]不绝。所谓三峡，此其一也。

山松[⑦]言：常闻峡中水疾，书记[⑧]及口传，悉以临惧相戒，

---

① 选自《水经注》。西陵峡，长江三峡之一，西起湖北秭归县香溪口，东至宜昌市南津关，为长江三峡中最长的峡谷。

② 迳：同“径”，经过。

③ 形容：形状。

④ 至清：极其清越响亮。

⑤ 响：回声。

⑥ 泠（líng）泠：形容声音清越。

⑦ 山松：即袁山松，一作袁崧，东晋文学家，陈郡阳夏（今河南省太康县）人。

⑧ 书记：书中记载。

曾无[1]称有山水之美也。及余来践跻[2]此境，既至欣然，始信耳闻之不如亲见矣。其叠崿[3]秀峰，奇构异形，固难以辞叙[4]；林木萧森，离离蔚蔚[5]，乃在霞气[6]之表，仰瞩俯映，弥习弥佳[7]，流连信宿[8]，不觉忘返，目所履历[9]，未尝有也。既自欣得此奇观，山水有灵，亦当惊[10]知己于千古矣。

译 文

江水向东流，经过西陵峡。《宜都记》说：从黄牛滩往东进入西陵境内，到峡口的百里左右航程中，山水环绕曲折。两岸高山峻岭层层叠叠，不到正午看不见太阳，不到夜半看不见月亮。绝壁有的高达千丈，岩石色彩缤纷，形状常常很像某种事物。树高林密，经冬常绿不凋。猿鸣声极其清越，山谷里回声荡漾，久久不绝。所谓三峡，这就是其中之一。

袁山松说：常听人们说，峡中水流险急，书中的记载和口头的传闻，都是讲述身临险境时的可怕情景，以此来相告诫，竟然没有人谈到这里的山水

---

① 曾无：竟然没有。

② 践跻（jiàn jī）：亲自登临。

③ 叠崿（dié è）：重重叠叠的高崖。

④ 难以辞叙：很难用言辞描叙。

⑤ 离离蔚蔚：浓密茂盛的样子。

⑥ 霞气：彩霞和云气。

⑦ 弥习弥佳：越看越美妙。习，反复，屡次。

⑧ 信宿：指两三日。

⑨ 履历：经历，经过。

⑩ 惊：惊喜，惊异。

之美。待到我亲自登临此地，一到这里就满怀欣喜，这才相信耳闻总不如亲见了。那层叠的崖壁、秀丽的峰峦，奇形怪状，姿态万千，实在难以用言辞来描叙；林木参差，郁郁葱葱，高与云霞相接，仰观山色，俯视倒影，愈看愈感到美妙，流连游赏了两三天，不觉乐而忘返；平生亲眼所见的景物，没有像这样壮丽的了。我一边为自己能一睹这样的奇观而高兴，一边又想，山水如果有灵，那么千秋万代之中能够得到一个知己，也该感到惊喜了。

学习提示

1. 学习时要注重诵读，在诵读中积累文言词语，并感受文章句式整齐、声韵和谐之美。

2. 本文用简洁生动的语言具体描写了西陵峡的山峰奇秀、林木萧森的景色，阅读时要关注景物描写，文中不少语句与《三峡》中的描写有异曲同工之妙，建议采用比较阅读的方式体会它们的妙处。

2. 黄牛滩[①]

⊙〔北魏〕郦道元

江水又东，迳黄牛山，下有滩，名曰黄牛滩，南岸重岭叠起，最外高崖间有石，色[②]如人负刀牵牛，人黑牛黄，成就[③]分明，既人迹所绝，莫得究焉。此岩既高，加以江湍纡回[④]，虽途迳信宿，犹望见此物。故行者谣曰：朝发黄牛，暮宿黄牛，三朝三暮，黄牛如故。言水路纡深[⑤]，回望如一矣。

---

① 选自《水经注》。黄牛滩，与下文的“黄牛山”均在今湖北省宜昌市境内。

② 色：形状。

③ 成就：形成。

④ 纡（yū）回：回旋，环绕。

⑤ 纡深：回环幽深。

译文

江水继续东流，经过黄牛山，山下有滩，叫黄牛滩。南岸峰岭层叠而起，最外层的高崖间有一块岩石，形状像一个人背着刀，牵着牛；人色黑，牛色黄，完全是天然形成，形象十分清晰，但那是人迹不到的地方，也就无法去看个究竟了。这块岩石很高，又加上湍急的江流回环曲折，因而虽经两三天的航程，还能看到这块奇岩。所以行人编了一首歌谣说：清晨从黄牛起程，晚上在黄牛栖身，三个清晨加三个晚上，黄牛还是这般模样。歌谣是说水路迂回深曲，回头眺望时，仿佛总是还在同一个地方。

学习提示

本文笔墨凝练，作者用了正面描写与侧面描写相结合的方法，既呈现了黄牛山石色彩分明、形状奇异的景象，又刻画了黄牛滩山势高峻、江流迂回的特点，阅读时要分析哪些语句是通过侧面烘托表现景物特点的，并想想这样的写法有何作用。

1. 新崩滩[①]

⊙〔北魏〕郦道元

江水历峡，东，迳新崩滩。此山汉和帝永元十二年崩[②]，晋太元二年又崩。当崩之日，水逆流百余里，涌起数十丈。今滩上有石，或圆如箪[③]，或方似笥[④]，若此者甚众，皆崩崖所陨[⑤]，致怒湍流[⑥]，故谓之新崩滩。其颓[⑦]岩所余，比之诸岭，尚为竦桀[⑧]。其下十余里，有大巫山，非惟三峡所无，乃当抗峰岷、峨[⑨]，

---

① 选自《水经注》。

② 崩：崩塌。

③ 箪：古代盛饭用的圆形竹器。

④ 笥（sì）：古代盛饭或盛衣服的方形竹器。

⑤ 陨：坠落。

⑥ 致怒湍流：使得湍急的江水更加汹涌。怒，气势盛，这里指水势汹涌。

⑦ 颓：倾颓坍塌。

⑧ 竦桀（sǒng jié）：高耸突出的样子。竦，通“耸”，耸立。

⑨ 抗峰岷、峨：跟岷山、峨眉山争高低。岷、峨，即岷山、峨眉山。

偕岭衡、疑[①]，其翼附[②]群山，并概[③]青云，更就霄汉辨其优劣耳！

译文

长江经过巫峡，向东流去，经过新崩滩。这山在汉和帝永元十二年崩塌过一次，晋太元二年又崩塌过一次。崩塌的时候，水倒流一百多里，掀起几十丈高的浪头。现在滩上的石头，有些圆的像箪，有些方的像笥，像这样的石头很多，都是从崩塌的山崖上滚落下来的，使得湍急的江水更加汹涌，所以叫它新崩滩。那坍塌的山崖剩下的部分，比起其他各个山岭，还算是高耸突出的。新崩滩下去十多里，有大巫山，它的高不只是三峡所没有，而且可以跟岷山、峨眉山争高低，同衡山、九嶷山相并列；它遮护统领周围的各个山峰，高与云平，还要到霄汉之上才能分辨它们的高低啊！

① 偕岭衡、疑：同衡山、九嶷山相并列。偕岭，指山岭同样高。衡、疑，即衡山、九嶷山。

② 翼附：遮护统领。翼，翅膀，用作动词，遮护的意思。附，使……依附，这里是统领的意思。

③ 概：齐，平。

2. 孟门山[①]

⊙〔北魏〕郦道元

孟门，即龙门之上口也，实为河之巨阨[②]，兼孟门津之名矣。此石经始禹凿，河中漱[③]广，夹岸崇深，倾崖返捍[④]，巨石临危，若坠复倚。古之人有言，水非石凿，而能入石，信哉！其中水流交冲，素气[⑤]云浮，往来遥观者，常若雾露沾人，窥深悸魄[⑥]。其水尚奔浪万寻，悬流千丈，浑洪赑[⑦]怒，鼓若山腾，

---

① 选自《水经注》。

② 阨：阻塞的地势。

③ 漱：冲刷，冲蚀。

④ 倾崖返捍：巨浪似将冲倒山崖，冲崖之浪折返后抵御着新涌来的浪涛。倾，使……倾倒。捍，抵御，抗拒。

⑤ 素气：白色的水汽。

⑥ 窥深悸魄：往深处俯视，惊心动魄。悸，恐惧。

⑦ 赑（bì）：咆哮、怒吼的样子。

浚波[①]颓叠[②]，迄于下口。方知慎子下龙门，流浮竹，非驷马之追也。

译 文

孟门，就是龙门的入口处，实际上是河上的巨险，兼有孟门津的名称。这里的岩石首先经过大禹开凿，又因河水冲蚀，河道逐渐变得宽广了。两岸高峻而深邃，好像能将山崖冲倒的巨浪撞击山崖折返后抵御着新涌来的浪涛，巨石临近危崖，好像随时就要坠落下来似的，却又相互倚拄而悬在危崖边缘。古人有言：水虽不是凿石头的凿子，却能穿透岩石，确是如此呀！这里水流交相冲击，白色的水汽好像飘浮的云雾，来来往往远远观看的人，常常会觉得仿佛被雾露沾湿似的；如向深处俯视，更加惊心动魄。河水在此迸溅几千丈的浪花，千丈瀑布从高崖一泻而下，浊流奔腾澎湃，狂暴地涌起如山的巨浪激荡腾跃，疾驰的洪波层层叠叠崩颓而下，直到下游出水口。这才知道《慎子》中所记载的：下龙门时，漂流浮竹，四匹马拉的车也绝对追不上。

① 浚（jùn）波：巨大的波浪。

② 颓叠：水势平缓。

3. 桑干枝水[①]

⊙〔北魏〕郦道元

桑干枝水又东流，长津委[②]浪，通结两湖，东湖西浦[③]，渊潭相接，水至清深。晨凫[④]夕雁，泛滥[⑤]其上，黛甲素鳞[⑥]，潜跃其下。俯仰[⑦]池潭，意深鱼鸟[⑧]，所寡[⑨]惟良木耳。

译 文

桑干河的支流又向东流，长河巨流，连通两湖，东湖和西浦，两个深潭相连，水极清且深。早晚有野鸭和大雁在湖上浮游，青甲白鳞潜游在水下。观望池潭，寄深意于鱼鸟，物我交融，美中不足的只是缺少好树木而已。

---

① 选自《水经注》。

② 委：弯曲，曲折。

③ 浦（pǔ）：这里指湖泊。

④ 凫（fú）：野鸭。

⑤ 泛滥：这里指水鸟众多，浮游水上。

⑥ 黛甲素鳞：代指鱼鳖等水族。黛，青黑色。素，白色。

⑦ 俯仰：本指低头和抬头，这里代指“观望”。

⑧ 意深鱼鸟：寄深意于鱼鸟，物我交融。

⑨ 寡：少。

4. 阳城淀[1]

⊙〔北魏〕郦道元

博水又东南经谷梁亭南，又东经阳城县，散为泽渚[2]。渚水潴涨[3]，方广数里，匪直[4]蒲笋是丰，实亦偏饶[5]菱藕。至若娈婉丱童[6]及弱年崽子，或单舟采菱，或叠舸[7]折芰[8]，长歌阳春，爱深绿水，掇拾者不言疲，谣咏者自流响。于时行旅过瞩[9]，亦有慰于羁望[10]矣！世谓之为阳城淀也。

---

① 选自《水经注》。

② 泽渚：即沼泽。

③ 潴（zhū）涨：水汇聚而上涨。

④ 匪直：不只，不仅。匪，通“非”。

⑤ 偏饶：富有。

⑥ 娈婉丱（guàn）童：相貌美好的女孩。丱，儿童束发梳成两角的样子。

⑦ 叠舸：许多船。

⑧ 折芰（jì）：采菱。芰，菱。

⑨ 瞩：瞩目。

⑩ 羁望：羁旅思乡。

译 文

博水又向东流，经过谷梁亭的南面，再向东流经过阳城县后，就散作一片沼泽。水涨了，水面广了，方圆有数里之大，不只生长蒲笋，更盛产菱藕。到了采菱佳期，不论男女，不论老少，或是独舟，或是多船，忙忙碌碌穿梭在湖面上，他们采菱的姿态轻盈自如，心情愉悦畅快，唱着阳春白雪的小曲儿，荡漾在这方悠悠绿水中，采菱的人都不知道疲倦，歌谣在水上飘荡。我在路过时曾亲眼见到这景象，也算慰藉我羁旅中的思乡之情了啊！这就是阳城淀呀。

中国古代散文的由来和发展（一）

散文在我国文学史上有着悠久的历史。其雏形可以追溯到殷商时期的甲骨卜辞，《易经》中的卦、爻辞已经有了文学意味，《尚书》中一些生动的叙事说理和比喻笔法，可视为我国散文的开端。春秋战国时期，随着社会的变革，散文逐渐勃兴，出现了《左传》《国语》《战国策》等优秀历史散文和《论语》《墨子》《孟子》《庄子》《荀子》《韩非子》等优秀诸子散文。汉朝散文文质相生，异彩纷呈。这个时期，贾谊、晁错等作家针砭时弊、笔锋犀利的政论散文与司马迁、班固的秉笔直书、爱憎分明的史传散文标志着中国古代散文进入又一个黄金时代。

5. 初冬过三峡

⊙萧　乾

一

听说船早晨十点从奉节入峡，九点多钟我揣了一份干粮爬上一道金属小梯，站到船顶层的甲板上了。从那时候起，我就跟天、水以及两岸的巉岩峭壁打成一片，一直伫立到天色昏暗，只听得见成群的水鸭子在江面上啾啾私语，却看不见它们的时候，才回到舱里。在初冬的江风里吹了将近九个钟头，脸和手背都觉得有些麻木臃肿了，然而那是怎样难忘的九个钟头啊！我一直都像是在变幻无穷的梦境里，又像是在听一阕奔放浩荡的交响乐章：忽而妩媚，忽而雄壮；忽而阴森逼人，忽而灿烂夺目。

整个大江有如一环环接起来的银链，每一环四壁都是蔽天翳[①]日的峰峦，中间各自形成一个独特天地，有的椭圆如琵琶，有的长如梭。走进一环，回首只见浮云衬着初冬的天空，自由

① 翳（yì）：遮掩，遮蔽。

自在地游动，下面众峰峥嵘，各不相让，实在看不出船是怎样硬从群山缝隙里钻过来的。往前看呢，山岚弥漫，重岩叠嶂，有的如笋如柱，直插云霄，有的像彩屏般森严大方地屹立在前，挡住去路。天又晓得船将怎样从这些巨汉的腋下钻出去。

那两百公里的水程用文学作品来形容，正像是一出情节惊险、故事曲折离奇的好戏，这一幕包管你猜不出下一幕的发展，文思如此之绵密，而又如此之突兀，它迫使你非一口气看完不可。

出了三峡，我只有力气说一句话：这真是自然之大手笔。晚餐桌上，我们拿它比过密西西比河，也比过从阿尔卑斯山穿过的一段多瑙河，越比越觉得祖国河山的奇瑰，也越体会到我们的诗词绘画何以那样峻拔奇伟，气势万千。

二

没到三峡以前，只把它想象成岩壁峭绝，不见天日。其实，太阳这个巧妙的照明师不但利用出峡入峡的当儿，不断跟我们玩着捉迷藏，它还会在壁立千仞的幽谷里，忽而从峰与峰之间投进一道金晃晃的光柱，忽而它又躲进云里，透过薄云垂下一匹轻纱。

早年读书时候，对三峡的云彩早就向往了，这次一见，果然是不平凡。过瞿塘峡，山巅积雪跟云絮几乎羼[①]在一起，明明是云彩在移动，恍惚间却觉得是山头在走。过巫峡，云渐成朵，

① 羼（chàn）：掺杂。

忽聚忽散，似天鹅群舞，在蓝天上织出奇妙的图案。有时候云彩又呈一束束白色的飘带，它似乎在用尽一切轻盈婀娜的姿态来衬托四周叠起的重岭。

初入峡，颇有逛东岳庙时候的森懔[①]之感。四面八方都是些奇而丑的山神，朝自己扑奔而来。两岸斑驳的岩石如巨兽伺伏，又似正在沉眠。山峰有的作蝙蝠展翅状，有的如尖刀倒插，也有的似引颈欲鸣的雄鸡，就好像一位魄力大、手艺高的巨人曾挥动千钧巨斧，东斫[②]西削，硬替大江斩出这道去路。岩身有的作绛紫色，有的灰白杏黄间杂。著名的“三排石”是浅灰带黄，像煞三堵断垣。仙女峰作杏黄色，峰形尖如手指，真是瑰丽动人。

尽管山坳里树上还累累挂着黄澄澄的广柑，峰巅却见了雪。大概只薄薄下了一层，经风一刮，远望好像楞楞可见的肋骨。巫峡某峰，半腰横挂着一道灰云，显得异常英俊。有的山上还有闪亮的瀑布，像银丝带般蜿蜒飘下。也有的虽然只不过是山缝儿里淌下的一道涧流，可是在夕阳的映照下，却也变成了金色的链子。

船刚到夔府峡，望到屹立中流的滟滪滩，就不能不领略到三峡水势的险巇[③]了。从那以后，江面不断出现这种拦路的礁石。勇敢的人们居然还给这些暗礁起下动听的名字：如“头珠石”“二

① 懔（lǐn）：害怕，警惕。

② 斫（zhuó）：用刀斧砍。

③ 险巇（xī）：形容山路危险，泛指道路艰难。

珠石”。这以外，江心还埋伏着无数险滩，名字也都蛮漂亮。过去不晓得多少生灵都葬身在那里了。现在尽管江身狭窄如昔，却安全得像个秩序井然的城市。江面每个暗礁上面都浮起红色灯标，船每航到瓶口细颈处，山角必有个水标站，门前挂着各种标记，那大概就相当于陆地上的交通岗。水浅地方，必有白色的报航船，对来往船只报告水位。傍晚，还有人驾船把江面一盏盏的红灯点着，那使我忆起老北京的路灯。

每过险滩，从船舷俯瞰[①]，江心总像有万条蛟龙翻滚，漩涡团团，船身震撼。这时候，水面皱纹圆如铜钱，乱如海藻，恐怖如陷阱。为了避免搁浅，穿着救生衣的水手站在船头的两侧，用一根红蓝相间的长篙不停地试着水位。只听到风的呼啸，船头跟激流的冲撞，和水手报水位的喊声。这当儿，驾驶台一定紧张得很了。

船一声接一声地响着汽笛，对面要是有船，也鸣笛示意。船跟船打了招呼，于是，山跟山也对语起来了，声音辽远而深沉，像是发自大地的肺腑。

三

最令人惊心动魄的是激流里的木船。有的是出来打鱼的，有的正把川江的橘麻往下游运。彪悍的船夫就驾着这种弱不禁风的木船，沿着嶙峋的巉岩，在江心跟汹涌的漩涡搏斗。船身

---

① 俯瞰（kàn）：俯视，从高处往下看。

给风刮得倾斜了，浪花漫过了船头，但是勇敢的桨手们还在劲风里唱着号子歌。

这当儿，一声汽笛，轮船眼看开过来了。木船赶紧朝江边划。轮船驶过，在江里翻滚的那一万条蛟龙变成十万条了，木船就像狂风中的荷瓣那样横过来倒过去地颠簸动荡。不管怎样，桨手们依旧唱着号子歌，逆流前进。他们征服三峡的方法虽然是古老过时的，然而他们毕竟还是征服者。

三峡的山水叫人惊服，更叫人惊服的是沿峡劳动人民征服自然、谋取生存的勇气和本领。在那耸立的峭壁上，依稀可以辨出千百层细小石级，蜿蜒交错，真是羊肠蟠道三十六回。有时候重岩绝壁上垂下一道长达十几丈的竹梯，远望宛如什么爬虫在巉岩上蠕动。上面，白色的炊烟从一排排茅舍里袅袅上升。用望远镜眺望，还可以看到屋檐下晒的柴火、腊肉或渔具，旁边的土丘大约就是他们的祖茔①。峡里还时常看见田垄和牲口。在只有老鹰才飞得到的绝岩上，古代的人们建起了高塔和寺庙。

船到南津关，岸上忽然出现了一片完全不同的景象：山麓下搭起一排新的木屋和白色的帐篷。这时候，一簇年轻小伙子正在篮球架子下面嘶嚷着、抢夺着。多么熟稔②的声音啊！我听到了筑路工人铿然的铁锹声，也听到更洪亮的炸石声。赶紧借过望远镜来一望，镜子里出现了一张张充满青春气息的笑脸。

① 茔（yíng）：坟地。

② 熟稔（rěn）：非常熟悉。

多巧啊，电灯这当儿亮了。我看见高耸的钻探机。

原来这是个重大的勘察基地，岸上的人们正是历史奇迹的创造者。他们征服自然的规模更大，办法更高明了。他们正设计在三峡东边把口的地方修建一座世界最大的水电站，一座可以照耀半个中国的水电站。三峡将从蜀道上一道险巇的关隘，变成为幸福的源泉。

山势渐渐由奇伟而平凡了，船终于在苍茫的暮色里，安全出了峡。从此，漩涡消失了，两岸的峭岩消失了，江面温柔广阔，酷似一片湖水。轮船转弯时，衬着暮霭，船身在江面轧出千百道金色的田垄，又像有万条龙睛鱼在船尾并排追踪。

江边的渔船已经看不清楚了，天水交接处，疏疏朗朗只见几根枯苇般的桅杆。天空昏暗得像一面积满尘埃的镜子，一只苍鹰此刻正兀自在那里盘旋。它像是在寻思着什么，又像是对这片山川云物有所依恋。

1956 年 11 月 15 日

6. 三　峡

⊙卞毓方

城，为宜昌。关，为南津。久闻宜昌城乃三峡之起始，殊不知南津关乃三峡之门户，而三游洞又乃峡口之洞天福地，桃源胜境。卯年岁初，一个透明而微醺的半下午，友人为我补上了这迟来的一课。“三游”之谓，乃纪念唐代诗人白居易、白行简、元稹首创“到此一游”。方是时，洞隐绝壁，俯临深壑，非梯架绳缒[①]不可入，入则空阔轩敞，如传说中之神仙修炼之所。让人在造化之前感叹造化，攀登之余吟味攀登。三人各个赋诗题壁，白居易并作《三游洞序》，地以人彰，文以景著，后世，慕名而来者不绝如缕，若宋代，鼎鼎大名的，便有苏洵、苏轼、苏辙。“前游元白后三苏”，他们踩点，打前站，我们跟进，收获诗文和古迹，品味的是空灵，是超越，是“更上高峰发啸歌，风吹下界惊鸾鹤”。

是晚登上游轮，次晨起航，午前停泊“三峡人家”。乘缆

① 缒（zhuì）：用绳子拴住人或东西从上往下送。

车径取峰顶，“浩浩乎如冯虚御风”，现代科技给了你一双鹰的眼，这是一种高度，一种境界，让你恍悟那山势的千起百伏、山颜的千娇百媚，集纳了人类几乎所有层次的审美体验——从宇宙洪荒的造山运动到疑真疑幻的令牌石、灯影石，从悬河注壑的瀑布到曲似九回肠的溪涧，从色与彩的燃烧、流泻到光与影的追逐、纠缠。山中半日，世上千年——要千年的红尘浊世才能慢慢积累、领略。你从山巅一路玩赏到溪畔，赶紧打住，唯恐待久了拔不出脚。

午后，船过三峡船闸。闸分五级，如登楼梯，拾级而上。然而，人未迈脚，船亦仅做水平的位移，奥妙何在？用一个成语表述：水涨船高。最复杂最先进的，其实也最简单。出得第五道闸门，江面豁然开朗。大坝外面是碧水，碧水外面是青山，是白云，山在傍水处托出一座新城，云在水尽头散作万缕青烟。长波天合，渊渟岳峙。杜甫诗云“春水船如天上坐”，油然涌上舌尖。游客把自己交给船，船把自己交给水，水把自己交给云，云把自己交给天。恍兮惚兮，说不清身在船上，身在水上，身在云上，身在天上。

呜！——汽笛长鸣。游轮徐徐西行，从容安详如凌波仙子。我登上六楼的甲板，借“微博”向天南海北的网友做现场播报，忘了观察江水是怎样由黛碧化作酡红又化作暗紫与深灰，蓦地惊觉，暝色已悄悄洒满峡江。“三峡千古不夜航”，那是老皇历了。须臾，月出东山，光华如水。月下，江面，前也是行舟，后也是行舟。探照灯在脉脉交流，马达在低吟，游鱼出听，宿鸟惊飞，夹岸群峰窃窃私语，千百年来，这是第一轮不眠之夜。三闾大夫从左后方的凤凰山送来夜航祝福。庆幸，崆岭滩已长埋波心浪底，深深。牛肝马肺石裹上一袭青袍，化具象为抽象。兵书宝剑峡红光烛天，似星斗又似瑞气。幻觉里，王昭君犹在香溪浣洗罗帕，偶尔抬头送过盈盈的笑；陆游仍伫立在南岸楚城遗址的风口，遥望江北怅叹："江上荒城猿鸟悲，隔江便是屈原祠。一千五百年间事，只有滩声似旧时。"而今谷升陵降，山水异势，屈原祠已挪地重建。仰观银汉迢迢，俯察江水泱泱，耳畔渔歌互答，滩声不再似旧时。

记不清在秭归还是巴东入睡，重登甲板，船已驶进巫峡。甲板上撑满了五颜六色的伞，因为雨。雨从半天云里飘洒而下，从两岸的峰巅、林梢飘洒而下，从楚辞、唐诗里飘洒而下。自打有了宋玉的《高唐赋序》，就有了缠绵悱恻的"巫山云雨"；自打有了李商隐的《夜雨寄北》，就有了烛影摇红的"巴山夜雨"。雨啊雨，滴滴答答，淅淅沥沥，敲在伞面，敲在甲板，敲在船舷。神女峰在哪儿？朝云峰在哪儿？游客大呼小叫，东猜西猜。我也惶惑，目光穿透层层雨幕，但见摩云凌虚的危崿[①]，一座接着一座，你推着我，我搡[②]着你，争先恐后地迎迓[③]游轮，不，

① 崿：山崖。

② 搡（sǎng）：猛推。

③ 迎迓（yà）：迎接。

游人。“知道巫山十二峰吗？”转身问一位苏格兰的游客，两天的风雨同舟，彼此已形如“驴友”。此刻，他由一位女伴打伞，忙不迭地按动手中相机的快门。“不知道呢。”他答。“那您在拍摄什么？”“拍画呀，”他奇怪我竟然如此发问，指着半天空一影烟雨迷蒙、虚幻如“米氏云山”的峰峦，大声补充，“拍你们中国的水墨画！”

船进瞿塘峡，云收雨歇，天气放晴。终于有机会好好品味，这山，这水。水，为湛碧，为渟泓[①]，为莹彻，为潋滟[②]。山，若昂藏，若磅礴，若孤拔，若鼎峙[③]。山姿水态本已炫人眼眸，再加上任意排列组合，并辅之以光与影的旋律、韵律，辅之以你的直觉、错觉、幻觉，摊开来，摊开来，无一不是天然隽永的风景。方此时，船行江心，才惊危崖特立，飞泉激射，一个转折，又讶峰峦叠秀，倒影沉碧，再一转折，更喜含霞饮景，浮光跃金！

俯仰低回之际，游轮长啸驶出夔门。江北一峰崭然特起，白帝城到了。此峰原为半岛，三面环水，一面倚山，掌控瞿塘峡口，乃兵家必争之地。三峡库区蓄水后，倚山的那面亦已沉入江底，从空中鸟瞰，宛然茫茫巨浸中浮漾一只青螺。船泊码头，随众人上岸观光，北侧有廊桥飞架，过桥登山，迎面山门

---

① 渟泓（tíng hóng）：积水深的样子。

② 潋滟（liàn yàn）：形容水波流动。

③ 鼎峙（dǐng zhì）：指鼎立，三方面并峙。

上镌刻[①]着杜甫的名联："白帝高为三峡镇，瞿塘险过百牢关。"寥寥十四字，道尽了天造地设、鬼斧神工！山上有白帝庙，庙内庙外碑刻如林，历代文坛大腕，如李白，如杜甫，如白居易，如刘禹锡，如苏轼，如黄庭坚，如陆游，都曾登临览胜，留下灿若星辰的诗篇，是以白帝城又称"诗城"。这格调高！它一下子把众多围绕山川草木、花鸟虫鱼取譬的城市比了下去。金戈铁马的演义从来短促，"刘备托孤"的故事空留余韵，高江急峡的雷霆也已化作渺渺逝波，唯有文化的光彩历久弥灿，万古不磨，抚慰着历史也抚慰着现在和未来。我在碑林间徘徊复徘徊，想，倘若千年诗城举办千载诗歌大赛，从中遴选[②]出一首最最气壮山河、砥砺人心的佳构，让我投票，我一定投李白的《早发白帝城》。其诗云：

朝辞白帝彩云间，千里江陵一日还。

两岸猿声啼不住，轻舟已过万重山。

---

① 镌（juān）刻：雕刻。

② 遴（lín）选：审慎选拔。

7. 三峡散记

⊙宗　璞

我所见的三峡，从中峡巫峡始。船从汉口开。那一天天色灰蒙蒙的，水色也灰蒙蒙的。在一片灰蒙蒙之间，长江大桥平静稳重地跨在龟蛇二山上。古色古香的黄鹤楼和现代化的二十层的饭店遥相对峙。水面上忽然闪出一道亮光，摇着、跳着，往船头方向漾开去。一直到大桥那一边。原来云层里透出小半个灰白的太阳来。

船开了，追着水面跳荡的远去的阳光开行了。

大桥看不见了。两岸房屋越来越少，江面越来越宽，有一道绿边围着，极目前方，出口很窄，水天相接，长江从窄窄的天上流过来。等船驶近，原来也是十分宽阔。窄窄的水天相接的出口又移到远处了。于是又向前去穿过那窄的出口。

船行的次日中午过沙市，停四五小时又起锚。直到黄昏，原野还是平阔，江流浩荡。暮色中更显得浑重。我想不出三峡是怎样开始的，便去问过来人。据说山势逐渐高起，过了宜昌才见分晓。日程表上写明第三日七时左右到下峡西陵峡，尽可放心休息。

半夜两点多钟，一阵喧闹的人声、哨声和拖铁链的声音把我惊醒。从窗中看出去，只见一堵铁壁挡在眼前，几乎伸手便可摸到。“到葛洲坝了！”我猛醒，连忙起身出房。只见甲板上灯火辉煌，我们的船在船闸里。上下四层的船不及闸墙三分之一高，抬头觉得闸顶很远，那一块黑漆漆的天空更远。人们从船头走到船尾，又从船尾走到船头，互相招呼：“要放水了！”“要开闸了！”据说闸门每扇有两个篮球场大。等到船闸停满了船只，便开始放水。眼看着我们的船向上浮升，一会儿工夫，已不用仰望闸顶，只消平视了。紧接着闸门缓缓打开，“扬子江号”破浪前行，黑夜间，觉得风声水声灌满两耳。站在船尾看时，璀璨的葛洲坝灯火渐渐远去，终于消失在黑暗里。我心中充满了对人——我的同类的无限敬仰之情。只因有了人，万物之灵长的人，万物本身，包括这日夜奔腾不息的长江，才有各自的意义。

我自己却是愚蠢之物，过分相信日程表，以为离七点钟尚早，便又回房。等我再出来时，两岸有丘陵起伏，满心以为要到三峡了，不想伙伴们说：“西陵峡已经过了！屈原和昭君故里都过了！”

我好懊恼。“百里西陵一梦中。”我说。

可是没有时间懊恼或推敲诗句。船左舷很快出现一座山城，古旧的房屋依山势而建，层层叠叠，背倚高山，下临江水，颇觉神秘。这是寇莱公初登仕途，做县令的地方。大江东流，沿岸哺育了多少俊杰人物，有名的和无名的，使人在山水草木城郭之间总有许多联想。不只是地理的，而且是历史的，这是中国风景的特色。

天还是灰蒙蒙的，雨点儿在空中乱飞。据说这是标准的巫峡天气。我们在云雾弥漫中向前行驶。忽然面前出现两座奇峰，布满树木，呈墨绿色。江水从两山间流来。两山后还有山，颜色淡得多，披云着雾。江水在这山前弯过去了，真不知里面有多深多远！这就是巫峡东口了，只觉得一派仙气笼罩着山和水。人们都很兴奋，山水却显得无比的沉静，像一幅无言的画，等待人走进去。

船进入巫峡，江流顿时窄了许多。两岸峭壁如同刀削，插在水里。浑浊泥黄的江水形成了一个个小漩涡，从船两边退去，分不清水究竟向哪个方向流。面前秀丽的山峰截断了江流，到山前才知道可以绕过去。绕过去又是劈开的两座结构奇特的山峰，峰后云遮雾掩，一座座峰颜色越来越淡，像是墨在纸上渗了开来。大家惊异慨叹，不顾风雨，倚在栏边，眼睛都不敢眨一眨。我望着从船旁退去的葱葱郁郁的高山，真想伸手摸一摸。这山似乎并不比船闸远多少。

据说神女峰常为云雾遮蔽，轻易不肯露面。人们从上船起便关心是否有缘得见。抬头仰望，只觉得巉岩绝壁压顶而来，令人赞叹之间不免惶悚。一个个各种名目的峡过去了，奇极了，也美极了。冷风挟着雨滴和山水一起迎接我们的船。“快看，快看！”大家互相指着叫着：“看到了！看到了！”看到的舒一口气，没看到的懊丧地继续伸长脖子。

我看到了。我早就知道神女会见我的。那山峰本来就峻峭秀奇，在云雾中似乎有飞腾之势。就在峰顶侧，站着一个窈窕女子，衣袂飘飘，凝神远望。怎能信她是块石头！再一想，她本是块石头，多亏了人，才化为仙女，得万人瞻仰。她才有她的事迹，得千古流传。薄薄的淡灰色的云纱缠绕着仙女和峰顶，云和山一起移动，人们回头看，再回头看，看不见了。

快到巫山时，一只货船自上游急驶而下，船上人大声喊着，听起来像歌一样萦绕在峡谷中。临近时才听清他喊的是：“道谢了！道谢了！”原来是大船为免小船颠簸，放慢了速度。

“道谢了！道谢了！”喊声随着船远去了。忽然想起《水经注》上对巫峡的总结：“巴东三峡巫峡长，猿鸣三声泪沾裳。”现在没有猿啼了，却有人的喊声在峡谷中撞击，充满了和自然搏斗的欢乐。

过了巫山县，驶过黛溪宽谷，便是上峡瞿塘峡。上峡只有八千米，仍是高山重障断岸千尺，很是雄浑壮伟，只不如中峡灵秀，出夔门时，据说滟滪堆就在脚下，还有传说为八阵图的礁石也炸掉了。人，当然要胜过石头的。

…………

船驶出西陵峡口，顿觉天地一宽。见峡口两峰并不很高大，这是因葛洲坝使水位提高了。峡口山上有亭台，众人如蚁行其上，显然是一公园。远见大堤拦截，各种横杆竖线，我们又回到了红尘。

峡口两山老实地站在江中，船仍随水东流。我和我的记忆，也随船飘远了。

（有删节）

中国古代散文的由来和发展（二）

魏晋南北朝时，散文走向骈化，骈体文成为官方文章正体，散文受到压抑，变得无足轻重。但骈文片面追求形式，文风轻浮奢华，虽有妙文奇句，但终难取得令人叹服的成就。在骈文显露出种种弊端之后，到中唐时，韩愈、柳宗元等掀起了一场反骈、复古的运动，使散文得以重新振兴。到了宋朝，人们开始把那些与骈文对立的文章称为散文。明清时期，“散文”一词流行起来，常与“骈文”对举。到了近代，散文才专指一切用散体写的文学作品，以区别于讲求韵律的诗歌。

单元学习任务

任务一

认真阅读本单元中选自《水经注》的文章，在班级开展一次“《水经注》主题风光推介会”，选择你最喜欢的一处风景，以导游身份向你的同学介绍文章所描绘的美丽景色。

任务二

本单元所选文章多用四字词语。诵读四字词语比较集中的文章时，读者会有非常好的诵读体验：节奏鲜明，声韵和谐，朗朗上口。如果边诵读边想象，还能真切地感受到这些凝练的词语传达出的盎然诗意和强烈的画面感。请从本单元任选 2 ~ 3 篇文言文和 1 ~ 2 篇现代文，摘录其中特别精妙的四字词语填入下列表格，并用简洁的语言描述所摘词语呈现的画面和自己的阅读体会，与同学们分享吧。

阅读分享表：

文章	精妙的四字词语	词语描绘的画面	阅读体会
《西陵峡》	叠崿秀峰	我仿佛看到西陵峡两岸的山崖又多又密，层层叠叠的山峰秀美无比又美得形态各异。	四个字将多、密、秀、异等信息浓缩在一起，画面感极强；四字平仄相间，读来抑扬顿挫，声韵和谐。

风月寄情

江山风月，大美人间。崇山峻岭，飞瀑流泉，夕日欲颓，明月逐归。我们沉迷于大自然的鬼斧神工之作、钟灵毓秀之境，品味山的静穆之美、水的清柔之姿，欣赏日的辉煌之光、月的皎洁之色。我们赏山玩水，逐日望月，陶冶心灵，升华情思。

阅读本单元文章，要积累常用文言实词，把握文中景物的特点，学习抓住直接表达作者情感的语句，结合精妙"景语"体会作者寄寓的情怀，从而深入理解文章主旨，感受作者热爱自然的情感和豁达乐观的人生态度，培养高雅的审美情趣。

1. 山中与裴秀才迪[①]书（节选）

⊙〔唐〕王维

北涉玄灞[②]，清月映郭[③]。夜登华子冈，辋水沦涟[④]，与月上下。寒山远火，明灭[⑤]林外。深巷寒犬，吠声如豹。村墟夜舂[⑥]，复与疏钟相间。此时独坐，僮仆静默，多思曩昔[⑦]携手赋诗，步仄径[⑧]，临清流也。

当待春中，草木蔓发，春山可望，轻鲦出水，白鸥矫翼[⑨]，

---

① 裴秀才迪：即裴迪，作者好友。

② 北涉玄灞：往北走，渡过灞水。涉，渡。玄，黑色，这里指水深绿发黑。

③ 郭：城郭。

④ 辋水沦涟：辋川水波荡漾。辋水，即辋川，古水名，在蓝田县南，向北流入灞水。沦涟，水波起伏。

⑤ 明灭：忽明忽暗。

⑥ 村墟夜舂：村庄夜里传来用杵臼捣谷的声音。

⑦ 曩（nǎng）昔：从前。

⑧ 仄径：狭窄的小路。

⑨ 轻鲦（tiáo）出水，白鸥矫翼：轻捷的鲦鱼跃出水面，白色的鸥鸟展翅飞翔。矫翼，张开翅膀。矫，举起。

露湿青皋，麦陇朝雊[1]，斯之不远，倘能从我游乎？

译文

我向北走，渡过深绿的灞水，清朗的月光映照着城郭。乘夜登上华子冈，见辋川水波荡漾，水中月影随之上下浮动。寒山远处的灯火，闪烁着忽明忽暗的亮光，在林外也能看见。深巷中的犬吠声像豹子一样。村庄里传来用杵臼捣谷的声音，又与稀疏的钟声交错在一起。此时，我独坐在那里，僮仆已静静入睡，我于是想起从前你我携手吟诗，在狭窄的小路上漫步，在清澈的流水旁伫立的情景。

应当等到了春天，草木蔓延生长，春天的山景更可观赏，轻捷的鲦鱼跃出水面，白色的鸥鸟展翅飞翔，清晨露水打湿了青草地，麦田里野鸡在早晨鸣叫，这些景色离现在不远了，那时你能和我一起游玩吗？

学习提示

本文是王维邀请友人同游赏景的书信，作者描绘了不同季节、不同时间的山林景象，实写冬日的萧疏清静，虚写春天的烂漫多姿，文笔淡雅、诗意盎然。阅读时，一方面要通过反复诵读感受对偶短句的韵律和节奏，另一方面要调动多种感官，感受作者笔下美景的特点，从动静结合等表现手法入手，体会语言的精妙。总体而言，要从文中读出诗的韵律，品味画的美感。

---

① 露湿青皋，麦陇朝雊（gòu）：露水沾湿青草地，麦田里野鸡在早晨鸣叫。皋，水边高地。雊，野鸡叫的声音。

2. 岳阳纪行

⊙〔明〕袁宗道

从石首至岳阳，水如明镜，山似青螺[①]，蓬窗下饱看不足。最奇者墨山，仅三十里，舟行二日，凡二百余里，犹盘旋山下。日朝出于斯，夜没于斯，旭光落照，皆共一处。盖江水萦回山中，故帆樯[②]绕其腹背[③]，虽行甚驶[④]，只觉濡迟[⑤]耳。

过岳阳，欲游洞庭，为大风所尼[⑥]。季弟[⑦]小修[⑧]秀才，为

---

① 青螺：古人结发为髻，形似青螺，这里用以形容山势。

② 帆樯：指船只。

③ 腹背：指山的凸出处与凹曲处。

④ 驶：迅速。

⑤ 濡迟：迟缓，慢。

⑥ 尼（nì）：阻止，停止。

⑦ 季弟：小弟。

⑧ 小修：袁中道，字小修。

《诅[①]柳秀才[②]文》，多谑语[③]。薄暮，风极大，撼波若雪，近岸水皆揉为白沫，舟几覆[④]。季弟曰：“岂柳秀才报复耶？”余笑曰：“同袍[⑤]相调[⑥]，常事耳。”因大笑。

明日，风始定。

译文

从石首到岳阳，湘江水像明镜一样，山峰像青色田螺一样，我们在船中透过窗户怎么也看不够。最奇特的是墨山，延绵只有三十里，船走了两天，总共二百多里，还在山下盘旋。太阳早上从山上升起，傍晚落下，早晚霞光都辉映一处。只因为江水在山中环绕，所以船绕着山行驶，虽然走得很快，却只觉得慢啊。

过了岳阳，我们正要游览洞庭湖，被大风所阻止。我的小弟小修作了《诅柳秀才文》一文，文中多玩笑话。傍晚，风很大，击打的波浪如雪一样白，靠近岸边的湖水都成了白沫，船几乎翻了。小弟说：“这不是柳秀才在报复我们吗？”我笑着说：“同为秀才开玩笑，是平常事。”因此都大笑起来。

第二天天亮，风才停住了。

---

① 诅：咒骂。

② 柳秀才：指唐代传奇《柳毅传》中的柳毅，传说中他为受丈夫虐待的龙女传书到洞庭龙宫（洞庭龙王是龙女之父），龙君讨回公道后感谢他的传告，遂招他为婿。

③ 谑（xuè）语：玩笑话。

④ 覆：翻转，倾覆。

⑤ 同袍：穿同样衣服的人，意指季弟与柳毅同为秀才。

⑥ 调：调笑。

本文描绘了作者途经岳阳所见的山水美景，笔调秀逸清新、活泼诙谐。阅读本文，一方面要通过作者的描写感受清丽的山水景色，另一方面要体会作者的情感是如何随着景物的变化而变化的。

同门三才俊

“三班”——汉代的三位历史学家：父亲班彪及其儿子班固、女儿班昭。

“三曹”——汉魏时期文学家曹操、曹丕、曹植父子。

“柳氏三绝”——宋代词人柳永（柳三变）、柳三复、柳三接三兄弟。

“三苏”——宋代文学家苏洵、苏轼、苏辙父子。

“三袁”——明代公安派文学家袁宗道、袁宏道、袁中道三兄弟。

1. 书上元夜游[①]

⊙〔宋〕苏轼

己卯上元[②]，予在儋州，有老书生数人来过[③]，曰："良月嘉夜，先生能一出乎？"予欣然从之。步城西，入僧舍，历小巷，民夷[④]杂揉，屠沽[⑤]纷然。归舍已三鼓[⑥]矣。舍中掩关[⑦]熟睡，已再鼾[⑧]矣。放杖而笑，孰为得失？过[⑨]问先生何笑，盖自笑也。然亦笑韩退之钓鱼无得，更欲远去，不知走海者未必得大鱼也。[⑩]

① 题目又作《儋耳夜书》。

② 己卯上元：元符二年（1099）农历正月十五上元节。

③ 过：拜访。

④ 民夷：民，汉族。夷，指当地少数民族。

⑤ 屠沽（gū）：屠，卖肉的人。沽，卖酒的人。

⑥ 三鼓：三更天。

⑦ 掩关：闭门。

⑧ 再鼾：打起第二阵鼾声，指醒来后再睡。

⑨ 过：苏过，字叔党，苏轼幼子，当时跟从苏轼贬居海南。

⑩ "然亦笑"句：韩愈《赠侯喜》诗谓，侯喜约他去钓鱼，结果从下午三点到黄昏，手倦目劳，只钓得一寸左右的小鱼。韩愈因此就认为"我今行事尽如此，此事正好为吾规"，并希望去远处深水中钓大鱼。

译 文

己卯上元节，我在儋州，有几个老书生过来看我，说：“在这月光皎洁的美好夜晚，先生能出去走走吗？”我高兴地听从他们的提议。于是走到城西，进入僧人宿舍，穿过小巷，只见汉族和少数民族混杂在一起，卖肉的卖酒的多得很。回到家已经三更天了。家里人掩门熟睡，已经第二次发出了鼾声。我放下拐杖发笑，心想我半夜出游和家人酣睡，究竟哪个有得？哪个有失？苏过问我为什么笑，我是自己笑自己。但也是在笑韩愈，他在一个地方钓鱼未钓到，就想到更远地方去，他不知道走到海边的人也不一定能得到大鱼。

2. 书临皋亭[①]

⊙〔宋〕苏轼

东坡居士酒醉饭饱，倚于几上[②]。白云左绕[③]，清江右洄[④]，重门洞开，林峦坌入[⑤]。当是时，若有思而无所思，以受万物之备[⑥]。惭愧！惭愧！

译 文

东坡居士酒醉饭饱，倚靠在几上。白云在左边缭绕，清澈的江水在右边回旋，树木和山峦从打开的门窗映入眼帘。这个时候，我好像有什么想法实际上又没有什么思考，惬意地领受大自然的全部之美。实在是惭愧！惭愧！

---

① 临皋（gāo）亭：位于黄州（今属于湖北省黄冈市）南长江边上。

② 倚于几上：倚靠在几上。几，一种家具，狭长面，下有足，常设于座侧，以便凭倚或搁置物件。

③ 绕：缭绕。

④ 洄：水回旋而流。

⑤ 林峦坌（bèn）入：意为树木山峦由门窗映入眼帘。

⑥ 以受万物之备：领受大自然的全部之美。备，全，一切。

3. 龙井题名记

⊙〔宋〕秦观

元丰二年，中秋后一日，余自吴兴来杭，东还会稽[①]。龙井[②]有辨才大师，以书邀余入山。比出郭[③]，日已夕，航湖至普宁，遇道人参寥[④]，问龙井所遣篮舆[⑤]，则曰："以不时至，去矣。"

是夕，天宇开霁[⑥]，林间月明，可数毫发。遂弃舟从参寥策杖[⑦]并湖[⑧]而行。出雷峰，度南屏[⑨]，濯足于惠因涧[⑩]，入灵石坞，

---

① 会稽：今浙江绍兴。

② 龙井：地名。在今杭州市西风篁岭上，岭上有泉，附近产茶。

③ 比出郭：等到出城的时候。比，及，等到。郭，外城，这里指杭州城。

④ 参寥：人名。

⑤ 篮舆（yú）：竹轿。

⑥ 天宇开霁（jì）：天空晴朗。霁，雨过天晴。

⑦ 策杖：拄着手杖。

⑧ 并湖：沿湖。

⑨ 南屏：山名。

⑩ 惠因涧：山涧名。

得支径上风篁岭，憩于龙井亭，酌泉[1]据石[2]而饮之。自普宁凡经佛寺十五，皆寂不闻人声。道旁庐舍[3]，或[4]灯火隐显[5]，草木深郁，流水激激[6]悲鸣，殆非人间之境。

行[7]二鼓，始至寿圣院，谒[8]辨才于朝音堂，明日乃还。

译文

元丰二年，中秋节第二天，我从吴兴去杭州，再向东赶回会稽。龙井有位辨才大师，用书信的方式邀请我到龙井山中去。等到出了城，太阳已经西沉，我取水道航行到普宁，碰到了道人参寥，问他龙井是否有可供遣使、雇佣的竹轿，参寥说："你来得不是时候，轿子已经离开了。"

这天晚上，天空晴朗，树林间月光很明亮，甚至连头发都能数清。于是我离开船，跟着参寥拄着拐杖沿着湖边慢走。我们出了雷峰塔，过南屏一带，赤足蹚过惠因涧，进入灵石坞，发现一条小路，就沿着它爬到了风篁岭，在龙井亭休息，舀起泉水，背靠着山石便喝了起来。从普宁到龙井亭总共经过了十五座佛寺，都十分寂静，听不到人的声音。路边的屋舍，灯火若隐若现，草木长得葱葱郁郁，水流得很急，发出悲怆的声响，这大概不是人间有的地方。

即将到二更天，才到寿圣院，在朝音堂拜见辨才大师，第二天便回去了。

---

① 酌泉：舀取泉水。

② 据石：靠着石头。

③ 庐舍：房屋。

④ 或：间或，有的。

⑤ 隐显：忽明忽暗。

⑥ 激激：形容急流的声音。

⑦ 行：将要，即将。

⑧ 谒（yè）：拜访。

4. 骖鸾录（三则）[1]

⊙〔宋〕范成大

其一

三日，始泛湘江，自此至六日，早暮行，倦则少休[2]，不复问地名。湘江岸，小山坡陀[3]，其来无穷，亦不间断，又皆土山，略无峰峦秀丽之意，但荒凉相属耳。

其二

七日，宿衡山县。西望岳山，苕荛[4]半空。湘中山既皆

① 《骖鸾录》是范成大于南宋孝宗乾道八年（1172）冬从吴郡出发去广西沿途所写的日记，这里所选三则为作者于乾道九年（1173）二月经湖南衡山时那几天的日记。

② 少休：稍微休息。少，稍微，略微。

③ 坡陀：山势起伏的样子。

④ 苕荛（tiáo ráo）：山高峻的样子。

冈阜[①]，迤逦[②]至岳山，乃独雄尊特起，若众山逊[③]其高寒者。

其三

十日，行舟数里，即再见南岳峰，崛敦[④]可尊而仰。带江别有小山一重，山民幽居点缀其上。桃李花方发，望之如临皋道中。卢仝诗“湘江两岸花木深”，至此方有句中意。

译文

其一

三日，开始泛舟湘江，从今天到六日，早晚行走，倦了就稍微休息，不再问所经过的地方的名字。在湘江沿岸，小山山势起伏，连绵无尽，没有间断，又全都是光秃秃的土山，一点也没有峰峦的秀丽风光，只是一片荒凉景象相连罢了。

其二

七日，在衡山县寄宿。向西望南岳衡山，山势高峻，耸立在半空中。湘中的山都是山丘，一直曲折连绵到南岳，才独居首位，雄起特立，好像众山都不及它高处不胜寒的境界。

其三

十日，行船几里，就第二次看见南岳峰，高耸突起，值得尊敬仰望。临近江边别有一重小山，山民幽深的居所点缀在山上。桃李才刚开放，远望如同走在临皋道路中。卢仝有诗句“湘江两岸花木深”，到这里才能感受到句中的意思。

---

① 冈阜：山丘。

② 迤逦（yǐ lǐ）：曲折连绵。

③ 逊：差，不及。

④ 崛敦：突起。

5. 泰　山

⊙梁　衡

我曾游黄山，却未写一字，其云蒸霞蔚之态，叫我后悔自己不是一名画家。今我游泰山，又遇到这种窘态。其遍布石树间的秦汉遗迹，叫我后悔没有专攻历史。呜呼，真正的名山自有其灵，自有其魂，怎么用文字描述呢？

我是乘着缆车直上南天门的。天门虎踞两山之间，扼守深谷之上，石砌的城楼横空出世，门洞下十八盘的石阶曲折明灭直下沟底，那本是由每根几吨重的大石条铺成的四十里登山大道，在天门之下倒像一条单薄的软梯，被山风随便吹挂在绿树飞泉之上。门楼上有一副石刻联："门辟九霄仰步三天胜迹；阶崇万级俯临千嶂奇观。"我依门回望人间，已是云海茫茫，不见尘寰。入门之后便是天街，这便是岱顶的范围了。天街这个词真不知是谁想出来的。云雾之中一条宽宽的青石路，路的右边是不见底的万丈深渊，填满了大大小小的绿松与往来涌动的白云。路的左边是依山而起的楼阁，飞檐朱门，雕梁画栋。

其实都是些普通的商店饭馆，游人就踏着雾进去购物，小憩。不脱常人的生活，却颇有仙人的风姿，这些天上的街市。

渐走渐高，泰山已用她巨人的肩膀将我们托在凌霄之中。极顶最好的风光自然是远眺海日，一览众山，但那要碰到极好的天气。我今天所能感受到的，只是近处的石和远处的云。我登上山顶的舍身崖，这是一块百十平方米的巨石，周围一圈石条栏杆，崖上有巨石突兀，高三米多，石旁大书“瞻鲁台”，相传孔子曾在此望鲁都曲阜。凭栏望去，远处凄迷朦胧，不知何方世界，近处对面的山或陡立如墙，伟岸英雄，或奇峰突起，逸俊超拔。四周怪石或横出山腰，或探下云海，或中裂一线，或聚成一簇。风呼呼吹过，衣不能披，人几不可立，云急急扑来，一头撞在山腰上就立即被推回山谷，被吸进石缝。头上的雨轻轻洒下，洗得石面更黑更青。我曾不止一次地在海边静观那千里狂浪怎样在壁立的石岸前撞得粉碎，今天却看到这狂啸着、似乎要淹没世界的云涛雾海，一到岱顶石前，就偃旗息鼓，落荒而去。难怪人们尊泰山为五岳之首，为东岳大帝。一般民宅前多立一块泰山石镇宅，而要表示坚固时就用稳如泰山。至少，此时此景叫我感到泰山就是天地间的支柱。这时我再回头看那些象征坚强生命的劲松，它们攀附于石缝间不过是一点绿色的苔痕；看那些象征神灵威力的佛寺道观，填缀于崖畔岩间，不过是些红黄色的积木。倒是脚下这块曾使孔子小天下的巨石，探于云海之上，迎风沐雨，向没有尽头的天空伸去。泰山，一切在你的面前都是这样的卑微。

这岱顶的确是一个与天对话的好地方。各种各样的人在尘世间活久了，总想摆脱地心的引力向天而去。于是他们便选中了这东海之滨、齐鲁平原上拔地而起的泰山。泰山之巅并不像一般山峰尖峭锐立，顶上平缓开阔，最高处为玉皇顶。玉皇顶南有宽阔的平台，再南有日观峰，峰边有探海石。这里有平台可徘徊思索，有亭可登高望日，好像上天在它的大门口专为人类准备了一个觐见的丹墀①，好让人们诉说自己的心愿。在岱顶，你会确实感到“天接云涛连晓雾，星河欲转千帆舞”“闻天语，殷勤问我归何处”。

1961 年 9 月

① 丹墀（chí）：指古时宫殿前的台阶，因其以红色涂饰，故名丹墀。

6. 山水如故人

⊙顾晓蕊

走进山水之城桂林，花香一浪一浪地袭来，潮水般将我的身心淘洗了个遍。在桂林，无论是山岭上、水岸边，还是小区、公园，抑或马路两边、房前屋后，到处都种有桂花。微如粟米的花朵，开得满枝满丫，一座城浸在香里，缠在香里，果真花香动全城啊！

在这天高云淡的初秋，我蹚着浓稠的香气，去看山，去访水。一向以为，有山有水的地方，便有天然的灵性。其实，亦无须远去，山水就在城中。

缓步四下闲走，一抬头，前方有几户人家，白墙青瓦的屋顶升起袅袅炊烟，屋后是幽幽青山。或是你正在公园里漫步，走着走着，与一座山迎面相逢，竟有旧时相识之感。那一瞬间你会觉得，它守望了千百年，仿佛只为与你相遇。

桂林的山大多不高，不过两三百米的样子，却都峭峰挺立、玲珑秀拔。山前一条玉带河，澄清如明镜，山临水而立，宛若当窗理云鬓的女子，一弯微漾的碧水，倒映出她绝世的容颜。

可别以为这里的山好攀爬，很多登山爱好者来到这里，也只能望崖生叹，抱憾而归。桂林的山集奇、险、秀、幽于一身，她端庄自持，洞悉世事却又缄默不语，冷静而自尊，带着凛然的果敢与决绝。恰似云端走下的美人，纵近在眼前，却只可仰望。

象鼻山、伏波山、叠彩山、独秀峰……每一座山都有动听的名字，有着动人的传说。倘山中有洞，别有洞天，则是另一番奇观。位于桃花江畔、光明山腰的芦笛岩，就是一个充满奇幻的去处。地下龙宫中的石笋石柱，幻化成狮、虎、鸟、猴、龟，乍看犹如活物般朝你扑来。

行走在桂林，我常被阵阵花香牵住脚步。花充当了向导，翻滚而来的花香让人有些昏昏然、茫茫然，有时想去左边看风景，偏被花香引到右路上。好在桂林处处是风景，步步皆如诗，那山那水，竟似桂林人养在城中的盆景，日日相对，从不厌倦，养心亦养神。

到了桂林，阳朔是必游之地，要不怎么有“桂林山水甲天下，阳朔山水甲桂林”之说呢。乘船沿漓江去往阳朔，沿途八百里水路，江面宁静而清透，坐船上竟觉不出摇荡。

在船舱里没停留多久，我就迫不及待地登到甲板上观景。山水如画，满目锦绣。面对这一江秀色，眼睛竟有些不够使似的，很多游客举起相机拍照，只想留住这山光水影。

漓江的水因深浅不一，呈现出或绿或蓝的景象，时而淡绿、碧绿、墨绿、苍绿，时而微蓝、深蓝、蔚蓝、湛蓝，江面如同一块调色板，你所能想象到的绿和蓝，都能在水中调和出来。且无论如何变幻，只一味干净清透，波光闪烁，如宝石一般晶莹明澈。

这里的山也都不高，有的才四五十米，缠绕在层层水雾里，深浅浓淡不一，如一幅水墨淋漓的山水长卷。更奇的是俯瞰水中，山峰倒影时隐时现，如梦如幻，真应了那句“船在青山顶上行”。

“看呀，崖上有天马奔腾！”有人兴奋地叫道。原来是到了九马画山，当然能数出几匹马来，要看个人机缘的。

再往前进入兴坪境内，我抬头望去，远远地漂来个竹筏，上面站着位身穿艳丽壮族服装的女子，轻松地撑着竹篙，几只鸬鹚在水中钻进钻出。少顷，她把竹篙一横，鸬鹚飞落在上面。掰开它的嘴，有鱼儿吐进竹篓里。在中原长大的我，第一次见到这情景，赶忙举起相机拍照。

照片中迷蒙的远山、碧绿的秀水、江面的竹筏，构成一幅精妙生动的油画，连山上高大茂密的凤尾竹也枝叶可见。漓江两岸多植有凤尾竹，树高而直，摇曳生姿，似女子挥袖长舞。

这时，蒙蒙水雾化为细雨，沥沥地落在江面，绽开清凉的笑颜，在水中荡起涟漪。天地间像挂着一个宽大的水帘，游人渐渐散去，留我独立在船头，悠然地撑一柄伞，欣赏起雨中的景致。

忽听到一阵歌声踏水而来：“唱山歌哎，这边唱来那边和，山歌好比春江水哎，不怕滩险弯又多……”声音空灵清越，缠绵低回，如珠玉相击，如雨落瓦檐，如风穿竹林，如月落寒潭……

这婉转清亮的歌声，为雨中的漓江添了情致与回味，直听得人心底激荡起一片柔情，以至船停靠到岸边时，我仍沉浸在其间。

下了船，去寻访一棵树。

在金宝河畔，我见到了那株被当地居民称为“神树”的千年古榕树，树干遒劲，瘤节盘错，要十余人牵手才能环抱住。榕谐音荣，有兴荣、兴旺之意，古榕树被千年的风月照拂过，似一柄巨大的绿伞，庇护着一方百姓。

时光了无痕，多少旧梦湮没烟雨中，有谁还记得那些挂在瓦檐上的故事，千年的风雨早已冲淡了的悲喜。然而古树是岁月最好的见证者，它们活得那么从容与坦荡，虽伫然无声，胜却千言万语。

我轻轻地走近它，抚摸它的筋骨，祈愿它的护佑。相对于树，人如大地上行走的花朵，在城市间从流飘荡，却找不到回乡的路，已失却了对根的记忆。

到了阳朔，晚上自然要去漓江水畔的西街走一走。沿街可欣赏古色古香的桂北民居建筑，走累了，进到一家店内，坐下来品桂花糕、喝桂花酒，或吃一碗糯滑香醇的米粉，感受当地人的闲适生活。

据说徐悲鸿曾居于此，阳朔的山水浸润着大师的艺术情怀，潘庄成了其独思静悟的处所。他挥笔画下著名的《漓江春雨图》，还在《南游杂感》中叹道："世间有一桃源，其甲天下山水，桂林之阳朔乎？……江水盈盈，照人如镜，萦回缭绕，平流细泻，有同吐丝。山光荡漾，明媚如画，真人间仙境也！"

沿街两边高挑的大红灯笼，缠绕在屋檐上的绿色藤蔓，衬托着这条阳朔最古老的街巷。这里是适合怀旧的休憩地，也是东西方文化的融汇处，既热闹繁华，又清雅闲趣，成为小镇人无论走上多远多久，都无法忘却的精神原乡。

从西街出来，偶一扭头，碧莲峰如盛开的莲花，荡漾在清莹莹的江水中，山水相依相傍，是如此浑然天成。彼时，倒真的是不愿做神仙，宁可做个恬淡的桂林人。

在桂林，与山水相逢，犹如故人相见。翻开卷卷山水，山如眉毛一样娟秀，水如眼波一般莹透。从山眉水目间，看四季的表情，看时光的流转。我多想就这样与所爱的人一起，守着一座城，与岁月相携，共度生命中的清浅时光。

7. 明月知我意

⊙彤管有炜

那是极普通的一夜，像是过往的每个无波无澜的日子。若是静静待着，或许还能听到风中有些曾经的叹息，但也太轻微，不知被哪只鸟儿衔走，就没了踪影儿。等那四周的山啊水啊也倦怠了，黄州这座城也渐渐安静，快要进入梦乡了。

苏轼是有些睡不着的。他坐了起来，怔愣地望着外面。十月了，已是深秋，窗外的叶子簌簌落着，花儿也要凋零了。冬日的脚步慢慢近了，鼻息处已有严寒的味道，但终究还差些时候，想一睹寒梅的风采，也是颇早了。这时间才是四季里最为尴尬的，像是夹住了尾巴的动物，无所适从。

白日里的虫鸣声早就没了动静。苏轼想起前些日子，兴冲冲地出去转转，丰收的田野被一群辛勤的人们围着，不一会儿，就剩下一片凌乱，偶尔走过几个拾稻穗的儿童。没有一点儿热闹的氛围，到处都是一片萧索。这时节，不似九月，可以对菊喝茶，也不似十二月，可以围炉看雪。真是无趣极了！苏轼想想四十多岁的自己，整日无所事事，好像千里之外的腥风血雨永远都与他无关。苏轼起身将桌上的灯点着，停了片刻，又熄灭了，走到床边，打算将外套脱下，再一次睡下。

这空当，苏轼却停了一下，而后将外套妥妥帖帖地穿回身上。顺着目光寻去，那是恰好从门中溜入堂屋中的一片月光，清凌凌的，像是一束白茶花瓣静静落下，无色也无香的皎洁。天地之间，只那一颗与世无争的月亮，少女般地独立在那里，而那无论何时都如同清风般温柔的光芒，倒是无端端让人心情愉悦，似是饮了忘忧水，一瞬间，忧愁飞走了，烦恼也不见了。

苏轼一时有了游兴。夜晚神秘又幽静，既有书生秉烛遇美人，又有将士挑灯醉舞剑，而今兴之所至，何不踏着这一抹清明月色出门，捞一两幅夜景瞧瞧，也是好的。

苏轼没有半分犹豫，即刻出门。附近几乎没有灯光了，偶尔有些挂在人家门上的灯笼，发着微微的光亮，在夜色里显露着朦胧的宁静。这世界，只有这时，是和平的，好像没有任何冲突与矛盾。而那月光轻盈盈地落下，便更显得安详，像是老人口中最值得回忆的人间。

若能有一人来分享这片刻的心境，能有一人并肩，哪怕不说话，那也是最好的、最美妙的事情。苏轼庆幸有这一人，那住在承天寺里的梦得。四年了，自从“乌台诗案”之后，他被贬到这黄州已有四年，在那之前，他从未想过有一天他写的诗句也会成为祸患，他一心一意为民为政的愿景会因观念不同而被击碎。他已经不想回忆那被关在乌台的几个月，他是朝廷变法下的石子，只被轻轻压过，就快要被碾碎。他人虽未死，但自那之后，领个闲职，内心也曾伤心烦闷过。但这几年，看山看水，心胸也宽阔起来，心境也慢慢平和，虽然还是心有不甘，但曾经的意气风发和磨难挫折，随着时间，好似云一样，慢慢都远去了。

恰好这时梦得出现了。梦得，或说是张怀民，他们不过相识不到一年，但被贬的处境倒是相同。梦得是个心胸坦然之人，乐山乐水，从不因贬谪之事惆怅，在逆境之中也独自从容，苏轼觉得这是个可以结交的好友，通达豁然，令人不自觉便接近，引为知己。

苏轼去承天寺寻梦得。他一路走着，也不着急，这时的时间也是慢的，路上偶尔听到两旁居户家的狗吠声，或是有夜鸟扑棱着翅膀飞过，好不自在有趣。走一路，便踩一路月色，那清明的光都已经漫过脚踝，像是一条可爱的小溪流过。仰着头再看看那月亮，低头踢几个小石子，不知不觉，走着走着便到了。弯弯折折地走到梦得的门前，不用敲，便看到那个没有睡觉的人，真是有着知己一样的默契。

两人相视一笑，一起在庭院中走着，闲闲地散步。这寺中的月没了遮挡，更显得明亮。而那月光，更是如积水一般清澈透明，模模糊糊地还能瞧出其中的水草，纵横交错着，不断摇曳。等到再定睛一看，好不可笑，原来是庭院四周那竹子与松柏的影子，在风中摇摆着枝丫。苏轼转头看着身边的人，仰头再看看天上的月，低头再瞧瞧一片澄澈的庭院，好一会儿不说话，有知己陪在身边的舒适，好像是所有心意都有人知晓的安然。

而后他们是否在院中听风，是否望月吟诗，是否相互诉说心事，都无从知晓，也不必知晓。那是极普通的一夜，像是过往每个平静无波的日子，但这又是值得怀念的，这被月色晕染后的没有尘埃没有烦忧的一夜。

明月知我意。它就好似一面镜子，将心事慢慢摹写。

你我皆明月，互为清风，不惹尘埃。

苏轼在今后看到那一轮明月，大概也会无数次地怀念这一夜的默契与知己的懂得，无数次地默默念出那一篇《记承天寺夜游》：

> 元丰六年十月十二日夜，解衣欲睡，月色入户，欣然起行。念无与为乐者，遂至承天寺寻张怀民。怀民亦未寝，相与步于中庭。庭下如积水空明，水中藻、荇交横，盖竹柏影也。何夜无月？何处无竹柏？但少闲人如吾两人者耳。

单元学习任务

任务一

阅读本单元所选的古文，画出文中优美的语句，设计一个“十大写景佳句排行榜”，在排行榜上写明以下内容：（1）用规范工整的正楷或行楷抄录佳句。（2）榜单排位理由。写完之后和你的同学交流一下，看看你们的排行有哪些异同。

任务二

苏轼在《临皋闲题》中说：“江山风月，本无常主，闲者便是主人。”面对江山风月，苏轼常以悠然自适的心态面对，从中你领略到他怎样的胸怀和气度呢？请你阅读《书上元夜游》《书临皋亭》《明月知我意》等文章，以“与东坡先生书”为题，写一封简短的文言书信，表达你对苏轼的敬意。

山水独绝

“智者乐水，仁者乐山。”徜徉山水，自得其乐，或爱其壮美绮丽之色，或叹其峻峭嶙峋之姿，或悟其潋滟清澈之境，或赞其汹涌澎湃之态；娱情山水间，追寻自然的物语，感受醇美的意境，品味盎然的诗情。山水能荡涤人的心灵，能让人放下争名夺利之心，忘情于天地大美之中。

阅读本单元文章，要继续感受文章句式整齐、声韵和谐的特点，在此基础上积累更多文言词语，注意文言文中方位词的用法。同时把握作者笔下景物的突出特征，学习作者描绘景物的手法，体会作者寄情山水的高雅情趣。

1. 与顾章书

⊙〔南朝梁〕吴均

仆去月[①]谢病[②]，还觅薜萝[③]。梅溪[④]之西有石门山者，森壁争霞[⑤]，孤峰限日[⑥]；幽岫[⑦]含云，深溪蓄[⑧]翠[⑨]；蝉吟鹤唳[⑩]，水响

---

① 去月：上月。

② 谢病：因病而自请退职。

③ 还觅（mì）薜（bì）萝：意思是正准备隐居。薜萝，一种山中生长的藤本植物。屈原《楚辞·九歌·山鬼》："若有人兮山之阿，被薜荔兮带女萝。"后以此代指隐士的服饰。

④ 梅溪：山名，在今浙江安吉境内。

⑤ 森壁争霞：众多峭壁和云霞比高低。

⑥ 孤峰限日：孤峙耸立的高峰遮断了阳光。

⑦ 幽岫（xiù）：幽深的山穴。

⑧ 蓄：积聚，储存。

⑨ 翠：绿水。

⑩ 唳（lì）：（鹤）啼叫。

猿啼[①]，英英[②]相杂，绵绵[③]成韵[④]。既素[⑤]重[⑥]幽居[⑦]，遂[⑧]葺宇其上[⑨]。幸富菊花，偏饶竹实。[⑩]山谷所资，于斯已办。[⑪]仁智所乐[⑫]，岂徒语[⑬]哉！

译文

我上个月因病辞官，回到家乡寻找隐居的地方。梅溪的西面有座石门山，很多峭壁与云霞争高下，独立的山峰遮住了太阳；幽深的洞穴包含着云雾，深谷小溪积聚着翠绿的潭水；蝉鸣鹤叫，水声清越，猿猴啼叫，和谐动听的声音相互混杂，声调悠长有音韵之美。我既然向来推崇隐居，就在那山上筑了房子。幸好菊花、竹米多。山谷中隐居生活的必需品，这里都已具备。这种地方被仁人志士所喜爱，哪里是随便说说呀！

---

① 啼：（猿）鸣叫。

② 英英：声音和谐动听的样子。

③ 绵绵：连绵不绝的样子，形容声调悠长。

④ 韵：和声。

⑤ 素：向来，一向。

⑥ 重：重视，这里是向往的意思。

⑦ 幽居：隐居。

⑧ 遂：就。

⑨ 葺（qì）宇其上：在上面修建屋舍。葺，修建。宇，房子。

⑩ 幸富菊花，偏饶竹实：幸好菊花、竹实很多。菊花、竹实都是隐士的食物。

⑪ 山谷所资，于斯已办：山谷中隐居生活的必需品，这里都已具备。资，出产的东西，提供。所资，所需的东西。

⑫ 仁智所乐：佳山秀水为仁人志士所喜爱。《论语·雍也》：“智者乐水，仁者乐山。”乐，喜爱。

⑬ 岂徒语：怎么能随便说。徒，仅仅。语，说。

《与顾章书》《与朱元思书》《与施从事书》合称“吴均三书”。《与顾章书》描写作者隐居石门山所见景色，句式整齐，韵律和谐，善用叠字，阅读时要通过反复诵读来感受文章的韵律与节奏之美，在读出美感的基础上细品典雅清拔的词句中蕴蓄的隽永韵味。

何谓“骈文”（一）

骈文是魏、晋以后产生的一种新文体，它在南北朝时期盛极一时。六朝时，骈文被叫作“今体”“俪辞”。而“骈文”一词的出现，则始于中唐文人柳宗元，他在《乞巧文》中称这种文体为“骈四俪六”，简称为“骈文”。“骈”的意思是两马并驾一车。骈文全篇主要是双句（即俪句、偶句），讲究对仗和声律，崇尚夸饰和用典。它根据汉语文字的特点组成整齐美观的对偶句式，辞藻华美，又注重声韵和谐，再加上多用典故，使文章表意不那么直露，因此对我国文学的发展曾起过一定的积极作用。

2. 与施从事书

⊙〔南朝梁〕吴均

故鄣县[①]东三十五里，有青山，绝壁干天[②]，孤峰入汉[③]。绿嶂百重，清川万转。归飞之鸟，千翼[④]竞来；企水[⑤]之猿，百臂相接。秋露为霜，春罗[⑥]被[⑦]径。“风雨如晦[⑧]，鸡鸣不已。”信足荡累颐物[⑨]，悟衷散赏[⑩]。

---

① 故鄣县：古地名，在今浙江安吉西北。

② 绝壁干天：形容山峰直插云霄。干，冲。

③ 汉：银河。

④ 翼：鸟儿。

⑤ 企水：口渴求饮。企，祈求，盼望得到。

⑥ 春罗：即松萝，一种地衣类植物。

⑦ 被：通“披”，覆盖。

⑧ 风雨如晦：又是刮风，又是下雨，天色昏暗得像夜晚一样。语出《诗经·郑风》。晦，黑暗。

⑨ 信足荡累颐物：确实足够使人在流连美景时消除烦恼，保养心性。信，的确，确实。荡，荡涤，清除。累，烦累，烦恼。颐，保养。

⑩ 悟衷散赏：在闲散地赏景过程中内心有所感悟。衷，内心。散，闲散。

译文

故鄣县向东三十五里地，有一座青山，悬崖陡峭高峻，山峰直插天际。青翠的山峦层层叠叠，流水千折百回。归巢的鸟儿争相飞来，饮水的猿猴成群结队。秋天清晨的露水凝结成了霜花，松萝覆盖了小路。风雨交加，天色灰暗，鸡不停地鸣叫。悠闲地欣赏这样的景致，确实会让人消除烦恼，怡情养性，有所感悟。

学习提示

本文语言简洁，写景清丽，品读时要抓住表达作者情感的语句，挖掘作者的内在情感，感受作者热爱山水、感悟自然、归隐田园的志趣和追求。

3. 巫山神女峰（节选）[①]

⊙〔宋〕陆游

二十三日，过巫山凝真观[②]，谒妙用真人祠[③]。真人，即世所谓巫山神女也。祠正对巫山，峰峦上入霄汉，山脚直插江中，议者谓太、华、衡、庐[④]，皆无此奇。然十二峰者，不可悉见。所见八九峰，惟神女峰最为纤丽奇峭，宜为仙真所托。祝史[⑤]云："每八月十五夜月明时，有丝竹之音，往来峰顶，山猿皆鸣，达旦方渐止。"庙后，山半有石坛，平旷。传云："夏禹见神女，授符书于此。"坛上观十二峰，宛如屏障。是日，天宇晴霁，四顾无纤翳[⑥]，惟神女峰上有白云数片，如鸾鹤翔舞徘徊，久之不散，亦可异也。

---

① 选自《入蜀记》，题目为编者加。

② 凝真观：即巫山神女祠。

③ 祠：供奉祖宗或先贤的处所。

④ 太、华、衡、庐：即泰山、华山、衡山、庐山。

⑤ 祝史：古司祭祀之官，这里指祠庙中的主持人。

⑥ 纤翳：微小的云雾。翳，遮盖，这里指云。

译文

二十三日，经过巫山凝真观时，参拜了妙用真人祠。真人就是大家所说的巫山神女。祠庙正对着巫山，峰峦直上云霄，山脚径直插入江水中，人们议论说泰山、华山、衡山、庐山都没有这里奇妙。但是巫山十二峰，不能都看得见。所能见到的八九座山峰，只有神女峰最纤秀峻峭，陡起而变幻多姿，确实适宜作为神女的化身。祠中主持祭祀者说：“每年的八月十五晚上月亮明朗的时候，就能听到优美的奏乐之声，在峰顶上环绕，能听到山上的猿啼鸣，到天明才渐渐停止。”在庙的后边，半山腰中有个石坛，比较平坦。传说中说：“夏禹就是在这个地方遇到神女，神女把符书送给他。”在石坛上看十二峰，就像屏障一样。这一天，天空晴朗，看四周没有丝毫云烟，只有神女峰上有几片白云，就像凤凰、白鹤在那里跳舞、散步，很久也不散去，也是很奇异的一个现象。

4.《徐霞客游记》选

⊙〔明〕徐霞客

恒山石树[①]

一逾[②]岭北，瞰东西峰连壁隤[③]，翠蜚[④]丹流。其盘空环映者，皆石也，而石又皆树；石之色一也，而神理[⑤]又各分妍[⑥]；树之色不一也，而错综又成合锦。石得树而嵯峨[⑦]倾嵌[⑧]者，幕[⑨]以藻绘[⑩]而愈奇；树得石而平铺倒蟠[⑪]者，缘以突兀而尤古。

---

① 选自《游恒山日记》，题目为编者加。

② 逾：翻过，越过。

③ 隤（tuí）：通“颓”，崩塌。

④ 蜚（fēi）：通“飞”。

⑤ 神理：形态和纹理。

⑥ 妍：美。

⑦ 嵯峨（cuó é）：山势高峻。

⑧ 倾嵌：倒插。

⑨ 幕：覆盖。

⑩ 藻绘：文采。

⑪ 蟠：弯曲。

凌霄峰[1]

行永安境内，始闻猿声。南四十里为巩川。上大滩十里，东南行，忽望见溪右峰石突兀。既而直逼[2]其下，则突兀者转为参差，为崩削[3]，俱盘亘[4]壁立，为峰为岩，为屏为柱，次第[5]而见。中一峰壁削到底，或大书其上，曰“凌霄”。于是[6]溪左之奇，亦若起而争胜者。已[7]舟折西北，左溪之崖较诡异[8]，而更有出[9]左溪上者，则桃源涧也。其峰排突溪南[10]，上逼层汉[11]，而下瞰回溪，峰底深裂，流泉迸下，仰其上，曲槛飞栏，遥带不一，急停舟登焉。

---

① 选自《闽游日记后》，题目为编者加。

② 逼：迫近。

③ 崩削：崩塌陡峭。

④ 盘亘：山互相连接。

⑤ 次第：依次。

⑥ 于是：从这里开始。是，这。

⑦ 已：不久。

⑧ 诡异：奇异。

⑨ 出：超过。

⑩ 排突溪南：山峰成排地突兀在溪流南岸。

⑪ 层汉：天空高远的地方。汉，天河。

蝴蝶泉[①]

半里，有流泉淙淙，溯之，又西半里，抵山麓[②]。有树大合抱，倚崖而耸立，下有泉，东向漱根窍而出[③]，清洌可鉴[④]。稍东，其下又有一小树，仍有一小泉，亦漱根而出。二泉汇为方丈之沼[⑤]，即所溯之上流也。泉上大树，当四月初即发花如蛱蝶，须翅栩然[⑥]，与生蝶无异。又有真蝶千万，连须钩足，自树巅倒悬而下，及于泉面，缤纷络绎，五色焕然[⑦]。游人俱从此月，群而观之[⑧]，过五月乃已。余在粤西三里城，陆参戎即为余言其异。至此又以时早未花[⑨]，询土人，或言蛱蝶即其花所变，或言以花形相似，故引类而来，未知孰是。

---

① 选自《游大理日记》，题目为编者加。

② 麓：山脚下。

③ 东向漱根窍而出：从树根下的孔洞中向东流出。漱，流动。根窍，树根下的孔洞。

④ 可鉴：可以当镜子照。

⑤ 方丈之沼：指一丈见方的池水。

⑥ 栩然：形容栩栩如生的样子。

⑦ 焕然：形容有光彩。

⑧ 群而观之：成群结队前来观看。

⑨ 未花：还没开花。花，名词活用为动词，开花。

译文

恒山石树

一翻越到岭北面，俯瞰东西两边，峰峦连绵，崖壁崩塌，红飞绿舞。那盘绕于空中的，都是岩石，而岩石上又都有树；岩石的色彩是一致的，但自然形态与纹理又各得其妙；树木的颜色不一致，但各种颜色互相交错，如同织成的彩色锦缎一般。岩石上有树高峻地斜插着，就像覆盖着一层彩色的幕布，因而愈发奇妙；生长在岩石上而平直躺着或盘曲倒挂的树，由于山势高峻而显得更加古雅。

凌霄峰

船航行在永安境内，开始听见猿猴的叫声。往南航行四十里就到了巩川。驶入大滩航行十里，往东南方向走，忽然望见溪流右岸山峰上的岩石突兀。不一会儿船直接驶到石峰下，于是看到突兀的岩石变得参差不齐，形成了崩塌陡峭的山崖石壁，全都盘绕相连像墙壁一样矗立，有的形成山峰，有的形成石岩，有的像屏风，有的像柱子，依次呈现出来。其中一座山峰，石壁直削到底，有人在石壁上题写了两个大字，叫“凌霄”。从这里开始溪流左岸的奇异风光，也好像要和右岸的山峰比美似的涌出来。不久船转向西北航行，溪流左岸的山崖比较奇异，而且更有超出溪流左岸之上的景色，这就是桃源洞了。那里的山峰成排地突兀在溪流南岸，往上直逼云天，而向下则俯瞰着曲折的溪流，山峰底部深深裂开，泉水奔流而下，抬头向上看，弯曲的栏杆悬于空中，长长地、高低不一地围绕着，急忙停下船开始攀登。

蝴蝶泉

走了半里，看见淙淙流动的清泉，沿着它逆流朝西边走了半里，就到了山脚下。（在云南苍山神摩山麓）有一棵一个人合抱这么粗的大树，靠着山崖高高地耸立，树下有一泓泉水，自树的根部的孔中涌出向东流去，（泉水）

清澈如镜。东面不远处，又有一棵小树，树下也有一个小泉，也自树的根部流出。两眼泉汇合成一丈见方的池沼，这就是刚才所见清泉的上游了。泉上这棵大树每年农历四月初开花，花形如蝴蝶，触须和翅膀都栩栩如生，与真的蝴蝶没什么不一样的。那成千上万的真蝴蝶又须尾相衔，从树顶倒着悬挂而下，直垂至水面，五彩缤纷，络绎不绝。游人都从这个月开始，成群结队前来观看，一直过了农历五月才停歇。我在广东西边的三里城，陆参戎就告诉我蝴蝶泉令人惊异的地方。而现在时间太早，还没有开花。向当地人询问，有人说蝴蝶是花变化而成的，有人说是因为花的形状和蝴蝶相似，所以引来了同类，不知道谁说的是正确的。

何谓“骈文”（二）

南北朝时期的骈文，比之前朝，在形式技巧上显得更加烦琐，不但要求把对偶句分类归纳为言对、事对、正对、反对等类型，而且随着“四声八病”说的提出，在声律上要求平仄配合，在文句的字数上也渐渐趋向于“骈四俪六”，即四字句、六字句相间，世称“四六文”。“四六文”盛行于唐、宋，后人作骈文大都采用这种方式。有的文人为了声韵和谐而走入了形式主义、唯美主义的死胡同，造成了文风的浮靡和形式的僵化。因此，唐、宋以后，骈文在文学发展史上逐渐归于平淡。

5. 钓台的春昼（节选）

⊙郁达夫

因为近在咫尺，以为什么时候要去就可以去，我们对于本乡本土的名区胜景，反而往往没有机会去玩，或不容易下一个决心去玩的。正唯其是如此，我对于富春江上的严陵，二十年来，心里虽每在记着，但脚却没有向这一方面走过。一九三一，岁在辛未，暮春三月，春服未成，而中央党帝，似乎又想玩一个秦始皇所玩过的把戏了，我接到了警告，就仓皇离去了寓居。先在江浙附近的穷乡里，游息了几天，偶尔看见了一家扫墓的行舟，乡愁一动，就定下了归计。绕了一个大弯，赶到故乡，却正好还在清明寒食的节前。和家人等去上了几处坟，与许久不曾见过面的亲戚朋友，来往热闹了几天，一种乡居的倦怠，忽而袭上心来了，于是乎我就决心上钓台访一访严子陵的幽居。

钓台去桐庐县城二十余里，桐庐去富阳县治九十里不足，自富阳溯江而上，坐小火轮三小时可达桐庐，再上则须坐帆船了。

我去的那一天，记得是阴晴欲雨的养花天，并且系坐晚班轮去的，船到桐庐，已经是灯火微明的黄昏时候了，不得已就只得在码头近边的一家旅馆的楼上借了一宵宿。

桐庐县城，大约有三里路长，三千多烟灶，一二万居民，地在富春江西北岸，从前是皖浙交通的要道，现在杭江铁路一开，似乎没有一二十年前的繁华热闹了。尤其要使旅客感到萧条的，却是桐君山脚下的那一队花船的失去了踪影。说起桐君山，却是桐庐县的一个接近城市的灵山胜地，山虽不高，但因有仙，自然是灵了。以形势来论，这桐君山，也的确是可以产生出许多口音生硬、别具风韵的桐严嫂来的生龙活脉。地处在桐溪东岸，正当桐溪和富春江合流之所，依依一水，西岸便瞰视着桐庐县市的人家烟树。南面对江，便是十里长洲；唐诗人方干的故居，就在这十里桐洲九里花的花田深处。向西越过桐庐县城，更遥遥对着一排高低不定的青峦，这就是富春山的山子山孙了。东北面山下，是一片桑麻沃地，有一条长蛇似的官道，隐而复现，出没盘曲在桃花杨柳洋槐榆树的中间，绕过一支小岭，便是富阳县的境界，大约去程明道的墓地程坟，总也不过一二十里地的间隔。我的去拜谒桐君，瞻仰道观，就在那一天到桐庐的晚上，是淡云微月，正在作雨的时候。

鱼梁渡头，因为夜渡无人，渡船停在东岸的桐君山下。我从旅馆踱了出来，先在离轮埠不远的渡口停立了几分钟。后来向一位来渡口洗夜饭米的少妇，弓身请问了一口，才得到了渡江的秘诀。她说："你只须高喊两三声，船自会来的。"先谢了她教我的好意，然后以两手围成了播音的喇叭，“喂，喂，渡船请摇过来！”地纵声一喊，果然在半江的黑影当中，船身摇动了。渐摇渐近，五分钟后，我在渡口，却终于听出了咿呀柔橹[①]的声音。时间似乎已经入了酉时的下刻，小市里的群动，这时候都已经静息，自从渡口的那位少妇，在微茫的夜色里，藏去了她那张白团团的面影之后，我独立在江边，不知不觉心里头却兀自感到了一种他乡日暮的悲哀。渡船到岸，船头上起了几声微微的水浪清音，又铜东的一响，我早已跳上了船，渡船也已经掉过头来了。坐在黑影沉沉的舱里，我起先只在静听着柔橹划水的声音，然后却在黑影里看出了一星船家在吸着的长烟管头上的烟火，最后因为被沉默压迫不过，我只好开口说话了：“船家！你这样的渡我过去，该给你几个船钱？”我问。“随你先生把几个就是。”船家的说话冗慢悠长，似乎已经带着些睡意了，我就向袋里摸出了两角钱来。“这两角钱，就算是我的渡船钱，请你候我一会儿，上山去烧一次夜香，我是依旧要渡过江来的。”船家的回答，只是恩恩乌乌，幽幽同牛叫似的一种鼻音，然而从继这鼻音而起的两三声轻快的咳声听来，他却似已经在感到满足了，因为我也知道，乡间的义渡，船钱最多也不过是两三枚铜子而已。

到了桐君山下，在山影和树影交掩着的崎岖道上，我上岸走不上几步，就被一块乱石绊倒，滑跌了一次。船家似乎也动了

---

① 柔橹：操橹轻摇，亦指船桨轻划之声。

恻隐之心了，一句话也不发，跑将上来，他却突然交给了我一盒火柴。我于感谢了一番他的盛意之后，重整步武，再摸上山去，先是必须点一枚火柴走三五步路的，但到得半山，路既就了规律，而微云堆里的半规月色，也朦胧地现出一痕银线来了，所以手里还存着的半盒火柴，就被我藏入了袋里。路是从山的西北，盘曲而上，渐走渐高，半山一到，天也开朗了一点，桐庐县市上的灯火，也星星可数了。更纵目向江心望去，富春江两岸的船上和桐溪合流口停泊着的船尾船头，也看得出一点一点的火来。

走过半山，桐君观里的晚祷钟鼓，似乎还没有息尽，耳朵里仿佛听见了几丝木鱼钲钹的残声。走上山顶，先在半途遇着了一道道观外围的女墙[①]，这女墙的栅门，却已经掩上了。在栅门外徘徊了一刻，觉得已经到了此门而不进去，终于是不能满足我这一次暗夜冒险的好奇怪癖的。所以细想了几次，还是决心进去，非进去不可，轻轻用手往里面一推，栅门却呀的一声，早已退向了后方开开了，这门原来是虚掩在那里的。进了栅门，踏着为淡月所映照的石砌平路，向东向南的前走了五六十步，居然走到了道观的大门之外，这两扇朱红漆的大门，不消说是紧闭在那里的。到了此地，我却不想再破门进去了，因为这大门是朝南向着大江开的，门外头是一条一丈来宽的石砌步道，步道的一旁是道观的墙，一旁便是山坡，靠山坡的一面，并且

---

① 女墙：城墙上面呈凹凸形的短墙。也叫女儿墙。

还有一道二尺来高的石墙筑在那里，大约是代替栏杆，防人倾跌下山去的用意，石墙之上，铺的是二三尺宽的青石，在这似石栏又似石凳的墙上，尽可以坐卧游息，饱看桐江和对岸的风景，就是在这里坐它一晚，也很可以，我又何必去打开门来，惊起那些老道的噩梦呢！

空旷的天空里，流涨着的只是些灰白的云，云层缺处，原也看得出半角的天，和一点两点的星，但看起来最饶风趣的，却仍是欲藏还露、将见仍无的那半规月影。这时候江面上似乎起了风，云脚的迁移，更来得迅速了，而低头向江心一看，几多散乱着的船里的灯光，也忽明忽灭地变换了一变换位置。

这道观大门外的景色，真神奇极了。我当十几年前，在放浪的游程里，曾向瓜洲京口一带，消磨过不少的时日，那时觉得果然名不虚传的，确是甘露寺外的江山，而现在到了桐庐，昏夜上这桐君山来一看，又觉得这江山的秀而且静，风景的整而不散，却非那天下第一江山的北固山所可与比拟的了。真也难怪得严子陵，难怪得戴徵士，倘使我若能在这样的地方结屋读书，颐养天年，那还要什么的高官厚禄，还要什么的浮名虚誉哩？一个人在这桐君观前的石凳上，看看山，看看水，看看城中的灯火和天上的星云，更做做浩无边际的无聊的幻梦，我竟忘记了时刻，忘记了自身，直等到隔江的击柝声传来，向西一看，忽而觉得城中的灯影微茫地减了，才跑也似的走下了山来，渡江奔回了客舍。

6. 桐庐行

⊙柯 灵

我生长在水乡，水使我感到亲切。如果我的性格里有明快的成分，那是水给我的，那澄明透澈的水，浅绿的水。

我多次横渡钱塘江，却只是往来两岸之间，没有机会沿江看看。钱塘上游的富春江，早就给我许多幻想了，直到最近，才算了却这个无关紧要的心愿。

江上旅游，最理想的，应当坐木船，浮家泛宅，不计时日，迎晓风，送夕阳，看明月，一路从从容容地走去，觉得什么地方好，就在那里停泊，等兴尽了再走。自然，在这样动乱的时代，这只是一种遐想。这次到富春江，从杭州出发，行程只有一天，早去晚回，雇的是一艘小火轮。抗战期间，从杭州到所谓“自由”区的屯溪，这是一条必经之路，舟楫往来，很热闹过一时；现在“曲终人不见，江上数峰青”，才还了它原来的清静。在目前这样“圣明”的“盛世”，专程游览而去的，大概这还算是第一次。

论风景，富春江最好的地方在桐庐到严州之间，出名的七里泷和严子陵钓台都在那一段；可是我们到了桐庐就折回了，没有再上去。原因有两种，时间限制是其一，主要的是因为那边不太平，据说有强盗。安全第一，不去为上。这自然未免扫兴，好比拜访神交已久的朋友，到了门口没法进去，到底缘悭一面。妙的是桐庐这扇大门着实有点气派，虽然望门投止，也可以约略窥见那秀甲天下的光景。

从钱塘、富春溯江而上，经富阳到桐庐，整整走了九小时，约莫有二百里的水程。清早启碇，沐着袭人的凉意，上面是层云飘忽的高空，下面是一江粼粼的清流，天连水，水连天，交接处迎面挡着一道屏风似的山影。——这的确是屏，不像山，动人的是那色彩，浓蓝夹翠绿，深深浅浅，像用极细极细的工笔在淡青绢本上点出来的。这一路上去，目不暇接的是远远近近的山，明明暗暗的树，潮平岸阔，风正帆轻，偶或在无穷的原野中出现临河的小村小镇，听听遥岸的人声，也自有一种亲切和喜悦。

过了富阳，因为连日阴雨，山上的积水顺流而下，满江是赭色的急湍。船行本是逆流，这一来走得更慢。时间太久了，不断的“疲劳欣赏”渐渐使人感到单调。直到壁立的桐君山在船头出现，这才士气大振，似乎发现了新大陆。拿经历来印证想象，过去这大半天所见的光景，跟我虚构的画面至少有点不符。我想象中的富春江没有这么开阔，夹岸对峙着悬崖峭壁，翠嶂青峰，另是一番深峻的气象。看到桐君山，我这才像是看到了梦中的旧相识。它巍然矗立，那么陡峭，那么庄严，似乎颇藐视我这个昂首惊喜的游人。山上没有什么嶙峋的怪石，却是杂树葱茏，有一株不知名的花树，众醉独醒，开得正在当令。绿云掩映之间，山巅掣出几间缥缈的屋子，有人正在窗前探首，向江心俯瞰。

船转过山脚，天目溪从斜刺里迎面而来，富春江是一片绀赭，而它却是溶溶的碧流，两种截然不同的颜色，在这里分成两半，形成稀有的奇景。

桐君山并不高，却以地位和形势取胜，兼有山和水的佳趣。背后是深谷，绵延的山脉；前面极目无垠，原野如绣，而两面临水，脚底下就是那滔滔东去的大江；隔岸相望，两江交叉处是桐庐的市廛一撮，另一面又是隔岸的青山。山顶的庙宇已经破残不堪，从那漏空的断壁，洞穿的飞檐，朱痕犹在的雕栏画栋之间，到处嵌进了山，望得见水。庙后的一株石榴，寂寞中兀自开得绚烂，那耀眼的艳红真当得起“如火如荼”的形容，似乎也只有这样的地方才配有它。站在山顶，居高临下，看看那幽深雄奇的气势，我想起历史，想起战争，想起我们的河山如此之美。而祖国偏又如此多难。在这次抗日战争中，桐庐曾经几度沦陷，缅想敌人立马山头，面对如此山川，而它的主人却是一个坚忍的、不可征服的民族，我不知激动他的是一种怎样的情感。

渡水过桐庐，从江边拾级而上，我们在街上闲闲地溜达了一回。这是个江城，同时是个山城，所以高高地矗立在水上。像喜欢杭州的龙井一样，我喜欢这个小城。好在小，比较整洁，有温暖亲切的感觉，令人向往丰乐和平、日长如年的岁月，不像有些小村小城，一接触到就使人想起灾难、贫穷、老死，想起我们民族的困厄，桐庐街道虽小，却并无逼窄之感，道旁疏疏地种着街树，这似乎是别的小城市中所不经见的。市街相当繁荣，有些房子正在建造。劫灰犹在，春意乍生，可以看出这个小城是相当富庶的。

临江有一家旅馆，两面临水。一位朋友曾经在那里投宿，据说入夜倚窗，看山间明月，江上渔灯，有不可描摹的情趣。可惜我们没有这个幸运。

数年来梦想的富春江，总算看过了。虽然连七里泷和钓台的面也没有见，可是到底逛了桐庐。这就够了！单为爬一次桐君山，也算得此行不虚！人们艳说上游如何如何的山回水曲，引人入胜。如何如何的柳暗花明，奇峰突起，看了桐庐，我们的想象有了驰骋的依托，从这里也可以得其一二，愿将此留供低回，作他日直溯上游时的印证吧。

一九四六年六月十二日

7. 乌篷摇梦到春江

⊙叶文玲

四年前，在青海戈壁滩竟日奔波时，被辉煌如火的大沙漠灼花了眼睛的我，曾经大发奇想：假如让富春江泻到这儿来，那该多好！

那时，我并没见过富春江，却千百次做过有关她的梦，郁达夫“屋住兰江梦亦香”的诗文和叶浅予墨韵淋漓的画卷，早把我对富春江的梦幻濡染得又浓又甜，那绿沉沉的甜梦中，总是悠荡着乡思绵绵的乌篷船。

我终于圆了梦。回归浙江仅两年，我已两次遂了与她相亲的心愿。

一是去岁金秋，一在今年暮春，两次均做陪客，陪文朋艺友遨游；一棹轻波碧水路，兴致格外高昂，只觉得不枉我做悬肠念的富春江，比梦中更俏更娇美。

两次遨游，都是旱路走、水路归。这行程颇使人得其佳妙；因为，当你迂回山间行行复行行不胜引颈张耳之苦时，突然，一条银练素带在前方闪闪烁烁起来，你兀地眼前一亮，倍觉这碧波粼粼一江水的鲜活可爱；待盼到归程荡舟起桨开始真正的春江游时，这漾波漫流的大水，更令你陶然如醉，神魂飞扬。彼时，你纵有千种愁思万般忧，也将全部消融在这一江碧玉里。

我始想，富春江的俏，恐怕全在于江流的曲折多姿，从她与新安江、兰江的汇合处下行，越见委婉袅娜；行过淹没在水中的乌石滩，行至流急涡回的七里泷，富春江裙裾一闪，又闪出个江中之江葫芦湾。葫芦湾委实别致有趣，湾形毕肖一只毛茸茸嫩生生的青葫芦，壁立湾畔的奇岩崛石，似乎触手可及，掩映在老树青藤中的村居农舍，更添无限野趣。小船悄悄儿荡进湾来，船上人无不惊殊，若再到那流泻百尺飞珠迸玉的葫芦瀑下溅一溅，定会溅得你满身惬意。

我还想，富春江的娇，也在于她的色泽，无怪她有“第二漓江”之称。那江水，真是澄于湖海碧于天，活脱脱是天神地母拣尽翡翠绿玉铺就的。行在江上望两岸，只见千嶂染翠，峰峰岭岭尽都浓浓淡淡地绿进去；立在船头看江心，只觉水底天上的云絮，一朵朵一团团，俱是深深浅浅地绿出来，真难说是山染绿了江，还是江浸绿了山，无怪朋友们相视叹曰：喔，一到富春江，眼瞳都是绿的！

我再想，富春江的美，更在于她无与伦比的静。由于电站的建成，益发使江水浪敛波平，所以，她虽还是千重涧水汇清流，但那汇和流，仿佛都是在水底暗处悄悄儿进行的，几十里水面竟没弄出丁点儿惊涛骇浪，“临流鼓棹，帆飞若驰”的光景已不复见，那或顺流或逆水的千舟百舸，亦如动画一般悠悠来去，舒泰、自在极了。“鸥鸟亦知人意静，故来相近不相惊。”在哄哄闹闹的现代生活中，烦躁了城市的嚣音后，人们自然格外钟爱富春江这千金难买的幽静。

奇山异水的富春江，钟灵毓秀，风物独绝，而七里泷碑文荟萃的严子陵钓鱼台，尤能遍现她扬古启今的魅力。

我又想，古往今来的人对严子陵如此仰慕，大概并不在乎已成百丈悬崖的钓台当年是否真能垂钓，而是敬崇这位先贤不慕富贵不媚皇帝的傲世风骨。试想，几请不出山、宁做垂钓翁的归隐客，倘使活至今日，恐怕更要与阿谀奉承趋炎附势开后门发横财之类歪风邪气绝缘；而这位敢把脚搁在刘秀肚子上午睡的严老先生和喝了高粱酒“见了皇帝不磕头”的山东好汉们的神魂，又是何等的相通相似！

哦，钓台不仅是一处风景点，更是历史老人垂落在江边的一只巨手，千年百载，以其特殊的膂力，撩拨着人们心头的重重波澜。

丰哉，富春江！乌篷摇梦梦越酣，唯愿年年得相见。

单元学习任务

小文和小言就如何欣赏写景散文进行了讨论，在讨论结束后他们设计了如下一份“写景散文艺术水平鉴定表”。请你阅读《巫山神女峰（节选）》和《〈徐霞客游记〉选》，用下面这个表格进行鉴定（在括号内打“√”，可多选），说说他们的设计是否合理。

写作视角	俯视（　）仰视（　）近观（　）远观（　）
多感官体会	视觉（　）听觉（　）触觉（　）嗅觉（　）味觉（　）
景物色彩	无色（　）单色（　）多色（　）变色（　）
景物形态	静态（　）动态（　）动静结合（　）
写景语言	多种修辞（　）修饰语精当（　）动词传神（　）句式多变（　）
写作手法	侧面烘托（　）欲扬先抑（　）对比（　）铺垫（　）
作者情感	直抒胸臆（　）借景抒情（　）融情于景（　）
结论	______________________________ ______________________________

风物如诗

世间风物，其美如诗。以诗语绘风物，更得其妩媚；以风物入诗歌，更增其隽永。含英咀华，唇齿留香，让我们阅读千古传诵的唐诗名篇，走进灵性智慧的诗人们丰富的物我通融的世界：对大自然的憧憬、对美感的捕捉、对情愫的低吟、对生命的礼赞、对自我价值的追寻……

学习本单元，要加强诵读训练，注意格律诗对仗、押韵的形式美感，更要把握诗歌的意蕴，赏析名家情景交融的艺术手法，在优美诗文的学习中陶冶情操，提高审美品位。

1. 秋夜喜遇王处士

⊙〔唐〕王绩

北场[①]芸藿[②]罢，东皋刈[③]黍归。
相逢秋月满，更值夜萤飞。

这首描写田园生活情趣的小诗，质朴平淡中蕴含着丰富隽永的诗情，颇能代表王绩的艺术风格。前两句写农事活动归来，以对偶句写出躬耕田野的忙碌，暗示隐居生活的充实，叙述平淡自然，不做刻意渲染，却有舒缓从容、闲适自如的情趣。后两句点明诗题“喜遇”，一种不期而遇的美好感觉从诗人笔下流淌而出，日间田野劳作后的疲乏与闲适从叙事中体现，而在秋夜归途中偶遇好友的惊喜和欣然却全在美景的渲染中。这是一个满月之夜，月光辉映，秋萤纷飞，显得格外静谧、安闲、和谐。整个画面宁静安闲，又有飞萤带来的流动意致和欣然生意，使它不致显得单调与冷寂。全诗没有一笔写“喜”字，但有了美景衬托，再借助“相逢”“更值”等感情色彩浓郁的词语点染，诗人满载劳动的喜悦、与好友相逢的快乐，喜上加喜的意味蕴含其中。

① 北场：房舍北边的场圃。

② 芸藿（huò）：锄豆。芸，通“耘”，指耕耘。藿，指豆叶。

③ 刈（yì）：割。

这首诗是诗人隐居东皋时所作，与课本中的《野望》相似。阅读时要通过反复涵泳，体会诗人寄寓其中的情感，同时可以与《野望》进行求同比较，借以总结诗人王绩诗歌的艺术特色。

什么是绝句（二）

“绝句”的名称大约起源于南朝，梁陈时已较普遍地用绝句泛指四句短诗，押韵平仄较自由，即古绝句。唐以后盛行近体绝句，灵活自由，适宜表现生活中转瞬即逝的意念和感受，这种诗体为诗人普遍采用，创作之繁盛超过其他各类诗体。盛唐的王昌龄、李白，晚唐的杜牧、李商隐都以绝句见长。

2. 入若耶溪[①]

⊙〔唐〕崔颢

轻舟去何疾，已到云林境。
起坐鱼鸟间，动摇[②]山水影。
岩中响自答[③]，溪里言弥[④]静。
事事令人幽，停桡[⑤]向余景[⑥]。

---

① 若耶溪：在浙江绍兴市南，北流入鉴湖。古迹甚多，景色秀美，为东南名胜。

② 动摇：指水中景物的倒影随着溪水起伏而动荡。

③ 响自答：指回声。

④ 弥：愈益，更加。

⑤ 停桡：停船。桡，船桨。

⑥ 余景：落日余晖。

崔颢的《入若耶溪》是一首清丽、灵动的山水诗，与其代表作《黄鹤楼》各异其趣。

首联写诗人泛舟游溪，“轻舟”“去何疾”“已到”写航行迅疾，倏忽而至，突出船行之快，衬托诗人渐入佳境的欢快、惊喜之情。颔联写诗人醉心于清澈如镜的溪水，畅游山水风光，随意起坐，妙的是诗人并没有正面描写溪水两岸的山树花草，而是写自己仰而观鸟、俯而观鱼的情态和拍击溪水，看水中景物倒影动摇、变幻的场景，着笔在人，却处处见到风景之美，表现了诗人身心无拘无羁，与鱼鸟游翔，与山水嬉戏，天人合一的精神追求。颈联着意渲染清溪的幽静，诗人巧妙地用了反衬手法，以声音衬托山溪的寂静：听着山岩发出的各种声音，回声如同自问自答，尽管暂时打破了深山溪谷的寂静，却使环境越发清静。此两句与王籍《入若耶溪》的“蝉噪林逾静，鸟鸣山更幽”有异曲同工之妙。幽静美景让诗人感叹“事事令人幽”，他不禁停下船桨，面对着夕阳余晖，沉浸于美景之中。整首诗意境优美，清新自然，笔触轻灵，写出了诗人宁静致远的追求。

学习提示

崔颢的诗歌风格多样，本文是一首山水诗，但是诗人并没有直接描写景物，而是着笔于观赏美景的情趣，从而达到写意悠闲、浑然忘我的意境。阅读时要重点把握本诗所营造的景物与心灵、自然相契合的意境，感受诗人融身山水的情致。

1. 送张判官[1]赴河西[2]

⊙〔唐〕王维

单车曾出塞，报国敢[3]邀[4]勋。
见逐张征虏[5]，今思霍冠军[6]。
沙平连白雪，蓬卷入黄云。
慷慨倚长剑，高歌一送君。

---

① 判官：官职名，为地方长官的僚属。

② 河西：唐方镇名，治所在凉州（即今甘肃武威市）。

③ 敢：岂敢。

④ 邀：希求。

⑤ 张征虏：指三国蜀汉名将张飞，曾任征虏将军。

⑥ 霍冠军：指汉朝名将霍去病，因功被封冠军侯。

这是一首边塞诗，是王维为送别友人入边塞赴任而作。首联自叙生平，回忆早年的出塞生活，描绘了一个单车赴边、建功立业的形象，此句恰可与《使至塞上》互读参照。“报国敢邀勋”明忠君报国不求功勋名利之志与友人共勉。颔联写友人如自己一样，也将追随名将，征战边陲，可谓豪情满怀，志存高远。颈联转而写景，想象友人前往边地的见闻。“沙平连白雪”写平旷的沙漠与远山的白雪连为一体，写出了沙漠的辽远开阔、漫无边际，也写尽边疆苦寒；“蓬卷入黄云”描绘了风卷蓬草，吹入云天，黄沙飞扬，天昏地暗的画面，更显塞外荒凉。在写赴河西旅途艰辛的同时，人物也便置于这雄浑壮远的画面之中。尾联“慷慨倚长剑，高歌一送君”，一改送别诗依依惜别的低沉，以慷慨高歌为张判官壮行，意境开阔，格调激昂，可谓豪气干云。

王维多以山水田园诗名世，但其边塞诗同样别有意境。此诗即与《使至塞上》一样展现出边塞风情，视野开阔，格调高昂，读来让人动容。

2. 鹦鹉洲[1]

⊙〔唐〕李白

鹦鹉来过吴江[2]水，江上洲传鹦鹉名。
鹦鹉西飞陇山[3]去，芳洲[4]之树何青青。
烟开[5]兰叶香风暖，岸夹桃花锦浪[6]生。
迁客[7]此时徒极目[8]，长洲[9]孤月向谁明。

---

① 鹦鹉洲：武昌西南长江中的一个小洲。

② 吴江：指流经武昌一带的长江。

③ 陇山：又名陇坻，山名，在今陕西陇县西北。

④ 芳洲：香草丛生的水中陆地。这里指鹦鹉洲。

⑤ 烟开：烟雾散开。

⑥ 锦浪：形容江浪像锦绣一样美丽。

⑦ 迁客：指自己是流放过的人。

⑧ 极目：用尽目力远望。

⑨ 长洲：指鹦鹉洲。

李白此诗与崔颢《黄鹤楼》构思相似，但怀古伤今，使得该诗歌不同于李白其他诗歌的清新飘逸，而是深沉浑厚。首句从洲名起笔，异曲同工。鹦鹉洲，相传由东汉末年狂士祢衡在一次宴会上即席挥笔写就一篇《鹦鹉赋》而得名，后祢衡被黄祖杀害，葬于洲上。洲上已不见鹦鹉，定是飞回陇山去了，诗人言外之意是说祢衡在这里被杀，由此奠定诗歌怀古惋叹之意。鹦鹉曾来过这里，为此地留下了一个美丽的名字，然而又西飞而去。鹦鹉虽去，芳洲碧树仍青。前两联触景生情，追怀史迹，情韵幽深，表现了诗人对祢衡的无限怀念。

五、六两句转而描绘洲上春光：丽日融融，烟雾渐散，兰叶摇曳，香风弥漫，令人感到春天的温暖。江洲两岸，桃花临水盛开，把明澈的江水染得像锦缎一样美丽。如此美景，诗人却由乐生悲，作为被流放的“迁客”，美景反衬了他内心的痛苦：一生流离，晚年流放，尽管还有奋发搏击的暮年壮志，但终不免落花流水，如祢衡一样才华横溢而终不得志。整首诗风格深沉、含蓄，余韵悠长。

3. 登金陵凤凰台[①]

⊙〔唐〕李白

凤凰台上凤凰游，凤去台空江自流。
吴宫[②]花草埋幽径，晋代[③]衣冠[④]成古丘。
三山[⑤]半落青天外[⑥]，二水[⑦]中分白鹭洲[⑧]。
总为浮云能蔽日[⑨]，长安[⑩]不见使人愁。

---

① 凤凰台：在金陵凤凰山上。

② 吴宫：三国时孙吴曾于金陵建都筑宫。

③ 晋代：指东晋，南渡后也建都于金陵。

④ 衣冠：士大夫的穿戴，借指士大夫、官绅。

⑤ 三山：山名，在今南京市西南的长江边。

⑥ 半落青天外：形容三山距离遥远，不能尽收眼底。

⑦ 二水：秦淮河流经南京后，西入长江，被横截其间的白鹭洲分为二支。

⑧ 白鹭洲：古代长江中的沙洲，洲上多集白鹭。

⑨ 浮云能蔽日：比喻谗臣当道，障蔽贤良。浮云，比喻奸邪小人。

⑩ 长安：这里用京城指代朝廷和皇帝。

这首诗首联写凤凰台的传说，十四个字中连用了三个“凤”字，却不觉得重复，音节流转明快，极其优美。凤去台空，就连六朝的繁华也一去不复返了，只有长江的水仍然不停地流着，大自然才是永恒的存在。颔联写三国时的吴国和后来的东晋都建都于金陵。昔日繁华的宫廷已经荒芜，东晋的一代风流人物也早已进入坟墓。颈联诗人把目光又投向大自然，写出三山若隐若现的景象，这两句诗气象壮丽，对仗工整，是难得的佳句。尾联从风景中回到现实，从六朝的帝都金陵看到唐的都城长安，寄寓着深意，暗示皇帝被奸邪包围，而自己报国无门，他的心情是十分沉痛的。

相传李白很欣赏崔颢的《黄鹤楼》一诗，欲拟之较胜负，乃作《登金陵凤凰台》诗。这首诗与崔诗工力悉敌，作为登临吊古之作，李诗更有自己的特点，诗人将历史典故、眼前景物和自己的感受融为一体，表明了自己“爱君忧国之意，远过乡关之念”的心迹。

4. 南湖[1]早春

⊙〔唐〕白居易

风回云断[2]雨初晴，返照[3]湖边暖复明。
乱[4]点碎红[5]山杏发，平铺新绿水蘋[6]生。
翅低白雁飞仍重，舌涩[7]黄鹂语未成。
不道[8]江南春不好，年年衰病减心情。

---

① 南湖：即鄱阳湖，因在江州城南，当地称为南湖。

② 云断：云被风吹散。

③ 返照：阳光重新照射。

④ 乱：繁多，意为漫山遍野都闪现着。

⑤ 碎红：杏花花苞刚刚绽开露出点点红色。

⑥ 水蘋：水上浮萍。

⑦ 舌涩：指言语不流利。涩，形容叫声艰涩，尚不连贯婉转。

⑧ 不道：不是说。

这首诗借景抒情，前六句描写南湖早春明媚动人的风光，最后两句表现诗人遭到贬谪后消沉郁闷的心情。

首联作者从春雨初晴的天气着笔，写诗人春游南湖时的感受：早春时节，春寒料峭，而阳光返照，不仅增添明艳之景，更有温暖之感。颔联写山杏吐艳、浮萍争绿的花草静景。颈联写白雁低飞、黄鹂语涩的禽鸟动态，构图如画，动静相间。作者抓住几个最富早春特征的意象进行了重点描绘。山杏的妩媚，绿萍的清新，欣欣向荣，红绿相间，色彩对比鲜明，是这幅画中不可或缺的点缀。而白雁低飞、黄鹂语涩写出了早春物候下禽鸟特有的习性，观察细致，别有意趣。

然而，这南湖早春特有的景致却未能让人尽情享受。诗的最后两句表现了诗人消沉的心情。此时国家内忧外患，国势日益衰微，而诗人被贬在外，身体抱恙，只能感叹自己年老体衰了。当此情景，忧国忧民、衰病不堪的诗人，怎么会有兴致欣赏美妙的春色呢？“不道江南春不好，年年衰病减心情”正是诗人在赏心悦目的早春景色面前，瞻前思后所发出的无可奈何的扼腕叹息。

5. 日　出

⊙刘白羽

登高山看日出，这是从幼小时就对我有魅力的一件事。

落日有落日的妙处，古代诗人在这方面留下不少优美的诗句，如像“大漠孤烟直，长河落日圆”“落日照大旗，马鸣风萧萧”。可是再好，总不免有萧瑟之感。不如攀上奇峰陡壁，或是站在大海岩头，面对着弥漫的云天，在一瞬时间内，观察那伟大诞生的景象，看火、热、生命、光明怎样一起来到人间。但很长很长时间，我却没有机缘看日出，而只能从书本上去欣赏。

海涅在《哈尔次山游记》中曾记叙从布罗肯高峰看日出的情景：

> 我们一言不语地观看，那绯红的小球在天边升起，一片冬意朦胧的光照扩展开了，群山像是浮在一片白浪的海中，只有山尖分明突出，使人以为是站在一座小山丘上。在洪水泛滥的平原中间，只是这里或那里露出来一块块干的土壤。

善于观察大自然风貌的屠格涅夫对于俄罗斯原野上的日出，

却做过精辟的描绘：

> 朝阳初升时，并未卷起一天火云，它的四周是一片浅玫瑰色的晨曦。太阳，并不厉害，不像在令人窒息的干旱的日子里那么炽热，也不是在暴风雨之前的那种暗紫色，却带着一种明亮而柔和的光芒，从一片狭长的云层后面隐隐地浮起来，露了露面，然后就又躲进它周围淡淡的紫雾里去了。在舒展着云层的最高处的两边闪烁得有如一条条发亮的小蛇：亮得像擦得耀眼的银器。可是，瞧！那跳跃的光柱又向前移动了，带着一种肃穆的欢悦，向上飞似的拥出了一轮朝日。

可是，太阳的初升，正如生活中的新事物一样，在它最初萌芽的瞬息，却不易被人看到。看到它，要登得高，望得远，要有一种敏锐的视觉。从我个人的经历来说，看日出的机会，曾经好几次降临到我的头上，而且眼看就要实现了。

一次是在印度。我们由马德里经孟买、海得拉巴、帮格罗、科钦，到翠泛顿。然后，沿着椰林密布的道路，乘三小时汽车，到了印度最南端的科摩林海角。这是出名的看日出的胜地。因为从这里到南极，就是一望无际的、碧绿的海洋，中间再没有一片陆地。因此，这海角成为迎接太阳的第一位使者。人们不难想象，那雄浑的天空，苍茫的大海，从黎明前的沉沉暗夜里，升起第一线曙光，燃起第一支火炬，这该是何等壮观。我们到这里来，就是为了看日出。可是，听了一夜海涛，凌晨起来，一层灰蒙蒙的云雾却遮住了东方。这时，拂拂的海风吹着我们的衣襟。一卷一卷的浪花拍到我们的脚下，发出柔和的音响，好像在为我们惋惜。

还有一次是登黄山。这里也确实是一个看日出的优胜之地。因为黄山狮子林，峰顶高峻。可惜人们没有那么好的目力，否则从这儿俯瞰江、浙，一直到海上，当是历历可数。这种地势，只要看看黄山泉水，怎样像一条无羁的白龙，直泻新安江、富春江，而经钱塘入海，就很显然了。我到了黄山，开始登山时，鸟语花香，天气晴朗，收听气象广播，也说二三日内无变化。谁知结果却逢到了徐霞客一样的遭遇："浓雾迷漫，抵狮子林，风愈大，雾亦愈厚……雨大至……"只听了一夜风声雨声，至于日出当然没有看成。

但是，我却看到了一次最雄伟、最瑰丽的日出景象。

不过，那既不是在高山之巅，也不是在大海之滨，而是在从国外向祖国飞航的飞机飞临的万仞高空上。现在想起，我还不能不为那奇幻的景色而惊异。是在我没有一点准备、一丝预料的时刻，宇宙便把它那无与伦比的光华、丰采，全部展现在我的眼前了。

当飞机起飞时，下面还是黑沉沉的浓夜，上空却已游动着一线微明，它如同一条狭窄的暗红色长带，带子的上面露出一片清冷的淡蓝色晨曦，晨曦上面高悬着一颗明亮的启明星。飞机不断向上飞翔，愈升愈高，也不知穿过多少云层，远远抛开那黑沉沉的地面。飞机好像唯恐惊醒人们的安眠，马达声特别轻柔，两翼非常平稳。

这时间，那条红带，却慢慢在扩大，像一片红云了，像一片红海了。暗红色的光发亮了，它向天穹上展开，把夜空愈抬愈远，而且把它们映红了。下面呢？却还像苍莽的大陆一样，黑色无边，这是晨光与黑夜交替的时刻。你乍看上去，黑色还似乎强大无边，可是一转眼，清冷的晨曦变为磁蓝色的光芒。原来的红海上簇拥出一堆堆墨蓝色云霞。一个奇迹就在这时诞生了。突然间从墨蓝色云霞里矗起一道细细的抛物线，这线红得透亮，闪着金光，如同沸腾的溶液一下抛溅上去，然后像一支火箭一直向上冲，这时我才恍然觉得这就是光明的白昼由夜空中迸射出来的一刹那。然后在几条墨蓝色云霞的隙缝里闪出几个更红更亮的小片。开始我很惊奇，不知这是什么，再一看，几个小片冲破云霞，密接起来，融合起来，飞跃而出，原来是太阳出来了。它晶光耀眼，火一般鲜红，火一般强烈，不知不觉，所有暗影立刻都被它照明了。一眨眼工夫，我看见飞机的翅膀红了，窗玻璃红了，机舱座里每一个酣睡者的面孔红了。这时一切一切都宁静极了，宁静极了。整个宇宙就像刚诞生过婴儿的母亲一样温柔、安静，充满清新、幸福之感。再向下看，云层像灰色急流，在滚滚流开，好把光线投到大地上去，使整个世界大放光明。我靠在软椅上睡熟了。

醒来时我们的飞机正平平稳稳，自由自在，向东方航行。

黎明时刻的种种红色、灰色、黛色、蓝色，都不见了，只有上下天空，一碧万顷，空中的一些云朵，闪着银光，像小孩子的笑脸。

这时，我忘掉了为这一次看到日出奇景而高兴，而喜悦，我却进入一种庄严的思索，在体会着“我们是早上六点钟的太阳”这一句诗那最优美、最深刻的含意。

刘白羽散文的特色

刘白羽，我国著名的散文家。既有浓郁的抒情色彩，又有深刻的哲理意味，同时洋溢着强烈的时代气息，这是刘白羽散文的突出特点。他对那些光明、纯洁、壮美和富有象征意义的美好事物青睐有加，善于捕捉那些闪光的事物及由此触发的感想和意兴，透过这些美好事物的表象，洞察底蕴，挖掘本质，借以展开一种严峻而深沉的哲理思索。在刘白羽的散文中，被描写的客观形象、作者的主观理想和哲理思索水乳交融，鲜明的美感、浓郁的诗意和深邃的意境，让文字生发出吸引、启迪读者的思想力量。

6. 最是一梦烟雨江南

⊙斐子桑

西江题叶，东池新荷，听雨打飞甍[①]，泠泠复潇潇；月华如练，荷影清漪，凭风起波澜，摇摇复浞浞。泠然空眠无绪，摇醒江南旧忆——画船雕梁杏花酒，醉里吴音相媚好。

择一个春光明媚的日子，挖出去年暮春时节埋在树下的一坛杏花酒，租来一叶小舟。牵着所爱之人的手共泛烟波。杏花酒开坛，弥舟的是醉人的酒香，氤氲[②]的是满满的春味，清香而又惹人迷醉。只消小酌几杯，便足以使人醉入那杨柳风的怀抱。船行近岸，岸边的石椅上，白发苍苍的翁媪浅笑嫣然，一如初恋那般。

人间四月天，最妙莫过棹一叶轻舟，细品春色；最美莫过白发翁媪相携浅笑，静赏涟漪。

流年疏冷，唯愿得一人白首，寻一城终老。那温婉如诗的

① 飞甍（méng）：两端翘起的房脊。甍，屋脊。

② 氤氲（yīn yūn）：烟气、烟云弥漫的样子，气或光混合动荡的样子。

摇橹水乡，或许便是最佳的终老之处了吧。她的烟雨楼台，她的青石瓦巷，她的荷影清嘉，招引了不知多少风雅之士，倾倒了不知多少文人墨客，成全了不知多少才子佳人。她牵引出无数的还乡断肠，蕴藏着千万的流连缱绻，编织着不知多少个绮梦爱恋……

江南好，风景旧曾谙。日出江花红胜火，春来江水绿如蓝。能不忆江南？

江南忆，最忆是杭州。山寺月中寻桂子，郡亭枕上看潮头。何日更重游？

江南忆，其次忆吴宫。吴酒一杯春竹叶，吴娃双舞醉芙蓉。早晚复相逢？

白居易的一首《忆江南》将这诸般美景刻画得淋漓尽致。

天将破晓，寒意未褪，恰此时日出东方映红满江红莲，远山仍是黛影朦胧，水天相接处泛着一抹青白，水碧、天青、山黛、莲红，彼此相衬，无疑是最为入画的一景。

那碧透清净的水色，像极了深山禅寺那一汪清泉，流淌着兰芽浸溪、沙路无泥的澄澈；那天边的鱼肚青白，像极了某次旅行中被燕雀啁啾[①]唤醒的清晨，天是一样的青白，既带着夜的沉静，又有着黎明的朝气；那如黛墨晕染的山色，像极了儿时晚饭后窝在祖母怀里，遥望的那座青山；那惊艳遗世的一抹红，宛如旧时新妇凤冠上的玉石、霞帔上的织锦，娉娉婷婷走进巷

① 啁啾（zhōu jiū）：形容鸟叫的声音。

陌人家，那抹红，穿越千百年的光阴，回眸嫣然。

这诸般美好，谁能不叹一句“风景旧曾谙”？

“上有天堂，下有苏杭”，若论人间蓬莱，莫过苏杭二地。历史优哉游哉地走过千年之久，苏杭，便在这岁月长河中沉淀着，内敛而又不失风韵。若说苏州是温婉女子的清梦乡，那杭州则应是清适散人的游侠乡。

文人雅士若是初遇于苏州的杨柳岸，那么再聚，便应是聚于杭州。共寻山中桂子，十里荷花；共看江潮涨落，万千星河；共赴琼浆月宴，把酒当歌……

苏州与杭州，前者更多应是迁客骚人的往来惆怅之所；后者则是乐得清闲的散人禅客的偏爱之处，无拘无束、浪游山川。但苏州的恬静温柔，绝不止于安抚惆怅士人。

“吴酒一杯春竹叶，吴娃双舞醉芙蓉”，她亦是这江南最佳的终暮之处。待到垂垂老矣，小饮一杯醇香绵软的吴酒，倚坐在杨柳树下，看芙蓉醉舞，或牵着耄耋[①]之年的那人的手，等待夕阳落下，携手归家，一如那对白发翁媪；又或静望芙蓉浦，等故人归来，逢于落花时节，一如杜甫与李龟年的那场相逢。

两相较之，轻剑快马浪迹山川显然更为铭心。或许居士也正是如此般思量，故而才会最忆那一场年少轻狂的杭州梦，而其次，则是在等待那悠然重逢的落花时……

---

① 耄耋（mào dié）：年纪十分大的时候，泛指老年。耄，指八九十岁的年纪。耋，七八十岁的年纪。

时光总是在不经意间斑驳回忆，但那莲叶田田的清适、那重重叠叠的青瓦、那柔醉人心的杨柳风、那缥缈如诗的烟雨楼台……

一景一物，又怎是一个时光可斑驳的？

也许该着上一身宽袍大袖，执一柄油纸伞，再去细细抚摸那水墨丹青中摹画的青石绿瓦，再去梦一场缠绵缱绻的烟雨江南。

写江南的诗句

万柳堤边行处乐，百花洲上醉时吟。不负一生心。（戴复古《望江南》）

隋堤远，波急路尘轻。今古柳桥多送别，见人分袂亦愁生。何况自关情。（张先《江南柳》）

闲梦远，南国正芳春。船上管弦江面绿，满城飞絮滚轻尘，忙杀看花人。　闲梦远，南国正清秋。千里江山寒色远，芦花深处泊孤舟。笛在月明楼。（李煜《望江南》）

兰烬落，屏上暗红蕉。闲梦江南梅熟日，夜船吹笛雨潇潇。人语驿边桥。（皇甫松《梦江南》）

7. 西湖秋意

⊙赵丽宏

一

碧云天，黄叶地……

湖波的微语，落叶的沙沙声，轻轻地协奏着一支秋的小曲。苏堤像一条青黄相间的绒带，默默地伸向水烟迷蒙的湖心……

又看见西湖了！今年仲春，我到过杭州，虽然匆匆而过，我还是赶来看望西湖了。那是一个阴晦的早晨，怅然地在湖畔站了好久，太阳突然从迷蒙的雾气中挺身而出，一下子揭开了那层蒙蒙的面纱，把西子湖迷人的春色活灵活现地铺展在我的眼帘里——那是洋溢着青春气息的绿，是使人心悦神驰的缤纷，就连湖畔垂柳的轻轻抚弄，也让你感觉到一种欢乐的震颤。这是因春的律动、因生命的律动而引起的欢乐……

现在，是深秋了，而且时近黄昏。西湖呀，你会不会依然能像春天时一样，给我充满生机的宁静，给我美的享受，给我欢乐？

踏着遍地落叶漫步苏堤，我默默打量着西湖。西湖呀，你能不能和我谈谈心？能不能告诉我，在萧瑟的秋风里，你正想些什么呢？你会不会只使我回想起那些伤感的往事？

一叶孤舟，像飘落湖心的一片枯叶，在平静的水面上缓缓地描绘着一幅苍茫的秋景。湖上飘忽着淡淡的烟霞，仿佛青灰色的透明的轻绡，笼罩着逶迤起伏的远山，使它们显得若游若定，似有似无。然而湖畔的山坡上，还是顽强地透露出几星秋的色彩，是金黄，是殷红，是在秋风里变得深沉的墨绿，还有那些使人想起遥远历史的古老屋脊……

对于眼前的西湖秋景，我很难找出一个恰当的形容词来，不尽是凄凉，不尽是寂寥，不尽是苍茫。是什么？我说不上来。我只觉得眼前的画面静谧极了，幽远极了，和谐极了。这画面中，蕴含着许多还没有为我所理解的丰富的内涵。环顾湖波山色，我的饱经旅途劳累的身体，连同思想和灵魂，全都陶然在诗一般画一般的秋光之中了……

蓦地，湖面掠过一只白色的水鸟。它用长长的翅膀拍击着湖波，由远而近，又由近而远，那雪白的身影在湖面划出一条优美的曲线，岛影、游船、长堤、远山，仿佛都被它串连起来，一幅静止的水彩画，顿时活了起来，动了起来……

“这是什么鸟？”我问。

“海鸥。”陪我散步的是一位从小生活在西湖畔的诗人，他的回答使我诧异。

“真是海鸥。你知道吗，西湖以前是海。”他笑着补充，像吟诗。

我的想象之翼一下子被扇动起来了。是的，这里曾经是大海，是的，这里依然保存着海的气质。海有宁静的时刻，也有狂暴的时刻，然而他的深沉，他的浩瀚壮阔，谁也无法改变，这是永恒。而西湖的美，也是永远不会消失的，不管春秋交替，不管冬夏轮转，西湖总是会以她的不同的微笑，向你透露美的信息……

像海一样执着，像海一样深沉。西湖，永远保持着她的美。

二

苏堤尽头是花港。

走进花港公园，才真正看到了秋天的本色。不是凄凉和萧瑟，不是委顿和枯黄，而是火的色彩，是壮丽和辉煌——

枫叶正红。那一瓣瓣红五星般的叶片，在微风中抖动着，像一簇簇小火苗，组合成一蓬蓬巨大的红色篝火，在青色和黄色之中熊熊地燃烧着。所有的一切，山石草木，池塘楼阁，仿佛全被燃着了。我不禁想起了不久前在北京香山看到的红叶，那是满山遍野的火焰，把秋天燃烧得一片通红。我曾经惊喜得失声叫起来。此刻，面对着西子湖畔的如火红枫，虽没有在香山时的那种惊喜，却也身心为之一振。香山红叶是一种黄栌的树叶，远看红得轰轰烈烈，近看也不免有一种枯萎的感觉。红枫就不一样了，远眺近看，都一样生机盎然。红枫，是我心目中最美的植物之一，在秋天的西子湖畔，它们用自己鲜艳的色彩，向世界透露着生命的亮色，在秋风里吟诵着一首美丽的抒情诗……

依然有绿。不仅是苍松翠柏，更多的是许多貌不出众的常青树木：樟、桂、黄杨、冬青……在落叶遍地的湖畔沉着地吐着绿，这是苍劲的深绿，是墨绿。最远处是一片水杉林，肃立在青沉沉的山脚下，像古人笔下的水墨画。倘若，西子湖畔春天的绿，给人清新妩媚的感觉，那么，此时的绿，应该说是庄重的，是深厚的，它使人想起人到中年以后的那种稳重和成熟……

也有花。自然是秋的皇后——菊花。在上海，刚刚参观过万卉色艳的菊展，所以，在这里傲然卓立的名种菊并没有吸引我的注意力，倒是悄悄开放在湖畔树丛中的那些野菊花，花朵很小，然而一开就是雪白雪白的一片，热烈而又优雅，有一种桀骜不驯的野气和生机。在一个不为人注目的小土丘上，居然还长着一片红花草，玫瑰色的小花，悄然开放在绿茵茵的小圆叶中——这应该是春天的标志啊！

西湖，用她的永不枯竭的心血，用她的始终不渝的柔情，哺育着湖畔众多的生命。如今，到了秋天，到了大自然新陈代谢的季节，西湖的儿女们却依然顽强地在秋风里挥舞着手臂，为母亲唱着动人的生命之歌……

西湖，你可以因此而欣慰了。

三

大自然的规律毕竟是无法改变的。落叶，这秋的尾声、冬的序曲，依然在西湖畔不慌不忙地飘荡……

有飘零的黄叶，自然有枯秃的树木。我在树林中寻觅……

是什么使我眼睛豁然发亮：一片耀眼的金黄，彩霞一般垂挂在宁静的湖畔。这是我视野里最醒目最辉煌的色彩，西湖的黄昏也仿佛因它们而明朗起来、亮堂起来……

看清楚了，是两棵高大的梧桐。在盛夏的烈日中，它们曾用蓊郁的树冠在湖畔铺展一片浓绿的阴凉，谁不赞叹它们的绿叶呢！此刻，每一片绿叶都泛出了金黄的色彩，然而它们还是紧紧依偎着枝干，在湖畔展现出另一番更为激动人心的景象。

谁能说这是衰亡和委顿呢？两棵梧桐像两位精神健旺的老人，毫无倦色，也毫无愧色地面对夕阳，面对西湖，肃然伫立着，似乎在庄严地宣告：即使告别世界，我的生命的光彩依然不会黯淡！

我知道，一夜秋风，也许就能扫落这满树黄叶，然而我再也不会忘记它们那灿然夺目的金黄，不会忘记它们那最后的动人的微笑、最后的悲壮的歌声……

在一座小土山上，终于看见一棵脱尽了叶片的树，一棵桃树，在夕照中伸展着枯瘦扭曲的枝干。

“瞧，桃树的影子。”诗人指着桃树边上一条鹅卵石路，轻轻地告诉我。

是树的影子，像一幅浓墨构出的画，又潇洒又遒劲地铺展在卵石路上，是一棵花满枝头的春天之树的影子啊！而且这影子是永远不会消失的——这条黑白相间的小路上，白的是卵石，黑的也是卵石，铺路者用黑卵石勾勒出了桃树那奇特的投影。

此举用意何在？我百思而不解。只有靠自己去理会，去想象了。

也许是一种梦境吧—— 是桃树的梦，也是人们的梦。在秋风里，在冬雪中，憧憬着发芽，憧憬着用新绿，用万紫千红去装点西湖的春天……

永不消失的梦境呵，每年都会有一次蓬蓬勃勃的兑现的！到春天，人们大概再也不会注意这镌刻在小路上的影子了。影子边，有缤纷的花，有缀满新芽的树枝，远处的梧桐，也一定会悄悄披上绿色的新衣，影子，将融化在绿荫里……

西湖之秋，到处蕴藏着生命的力量和春天的憧憬……

单元学习任务

任务一

你和班级同学要参加“最美唐诗”微电影展演比赛，请你从本单元唐诗中选取一首，仿照下面的示例，设计一个微电影脚本，拍出“最美唐诗”的风韵。

原作：

天净沙·秋思

马致远

枯藤老树昏鸦，

小桥流水人家，

古道西风瘦马。

夕阳西下，

断肠人在天涯。

脚本设计：

《天净沙·秋思》微电影镜头脚本设计			
A. 画面	B. 摄法	C. 音效	D. 演绎
由近景而至于远景，由景物而至于人物，化景语为情语，以简洁手法勾勒出一幅游子深秋远行图。	原曲不用动词而将意象并列，画面流动，恰可采用特写镜头剪接的方式将枯藤等各种意象进行组合。	乌鸦聒噪，流水喧腾，以欢声衬悲情；西风呼啸，白马嘶鸣，营造出客游在外的凄凉孤寂的情感氛围。	眼前景触发人物情，因此演员应演出“断肠人”触景生情的情态，体现出羁旅之苦和悲秋之恨。

你的设计：

《______________》微电影镜头脚本设计			
A. 画面	B. 摄法	C. 音效	D. 演绎

任务二

如果唐代有网络，诗人们可以在社交平台上发表作品或点评，你觉得本单元这几位诗人会如何点评对方的作品呢？请以“李白在社交平台发了《鹦鹉洲》后”为例，说说王绩、崔颢、王维、白居易等诗人会留下哪些切实合理的文字评论。

鹦鹉洲

李　白

鹦鹉来过吴江水，江上洲传鹦鹉名。
鹦鹉西飞陇山去，芳洲之树何青青。
烟开兰叶香风暖，岸夹桃花锦浪生。
迁客此时徒极目，长洲孤月向谁明。

王绩：____________

崔颢：____________

王维：____________

白居易：__________

学习描写景物

旖旎的荷塘，皎洁的月光，辽阔的草原，迂回的溪流，皑皑的白雪，奇特的山岩，秀丽的花木……世间万物，美不胜收。世上并不缺少美，只是缺少欣赏美的眼睛。如何欣赏风景，如何写景如画，如何借景抒情，是我们本单元的写作目标。

阅读本单元文章，要学会描写景物，养成善于观察的习惯，学习从多个方面观察并抓住景物特征进行描写的方法；尝试运用多种手法，结合各种感官的感受，从不同角度描写景物；学习情景交融的写法，使笔下的景物鲜活起来，让你的文字更具感染力。

片段集锦

【范例 1】

往前一望，见白石崚嶒，或如鬼怪，或如猛兽，纵横拱立，上面苔藓成斑，藤萝掩映，其中微露羊肠小径。

（曹雪芹《红楼梦》）

【范例 2】

正是严冬天气，彤云密布，朔风渐起，却早纷纷扬扬卷下一天大雪来。

（施耐庵《水浒传》）

【范例 3】

斋临旷野，墙外多古墓，夜闻白杨萧萧，声如涛涌。

（蒲松龄《聊斋志异·连琐》）

【范例 4】

月光如银子，无处不可照及，山上篁竹在月光下皆成为黑色。身边草丛中虫声繁密如落雨。间或不知道从什么地方，忽然会有一只草莺“落落落落嘘”啭着它的喉咙，不久之间，这小鸟儿又好像明白这是半夜，不应当那么吵闹，便仍然闭着那小小眼儿安睡了。

（沈从文《边城》）

【范例 5】

他眼下已看不见海岸的那一道绿色了，只看得见那些青山的仿佛积着白雪的山峰，以及山峰上空像是高耸的雪山般的云块。海水颜色深极了，阳光在海水中幻成彩虹七色。那数不清的斑斑点点的浮游生物，由于此刻太阳升到了头顶上空，都看不见了，眼下老人看得见的仅仅是蓝色海水深处幻成的巨大的七色光带，还有他那几根笔直垂在有一英里深的水中的钓索。

（海明威《老人与海》）

【范例 6】

云还没铺满天，地上已经很黑，极亮极热的晴午忽然变成了黑夜似的。风带着雨星，像在地上寻找什么似的，东一头西一头地乱撞。北边远处一个红闪，像把黑云掀开一块，露出一大片血似的。风小了，可是利飕有劲，使人颤抖。一阵这样的风过去，一切都不知怎么好似的，连柳树都惊疑不定地等着点什么。又一个闪，正在头上，白亮亮的雨点紧跟着落下来，极硬地，砸起许多尘土，土里微带着雨气。

（老舍《骆驼祥子》）

1. 荷塘月色

⊙朱自清

这几天心里颇不宁静。今晚在院子里坐着乘凉，忽然想起日日走过的荷塘，在这满月的光里，总该另有一番样子吧。月亮渐渐地升高了，墙外马路上孩子们的欢笑，已经听不见了；妻在屋里拍着闰儿，迷迷糊糊地哼着眠歌。我悄悄地披了大衫，带上门出去。

沿着荷塘，是一条曲折的小煤屑路。这是一条幽僻的路；白天也少人走，夜晚更加寂寞。荷塘四面，长着许多树，蓊蓊郁郁的。路的一旁，是些杨柳，和一些不知道名字的树。没有月光的晚上，这路上阴森森的，有些怕人。今晚却很好，虽然月光也还是淡淡的。

路上只我一个人，背着手踱着。这一片天地好像是我的；我也像超出了平常的自己，写景要抓住景物的特征，作者用“曲曲折折”形容荷塘，用“田田”形容荷叶，连用叠词，将满塘荷叶的情景写出来了，生动准确，着眼于形状的描绘。

描写景物的特征，要善用修辞手法。作者连用比喻、排比等修辞手法，使得白花的形象美且生动，如在目前。

描写景物，要从不同感官角度加以描绘，从看白花的视觉之美，到闻荷风的嗅觉之香，感官立体，景色更见风致。

到了另一世界里。我爱热闹，也爱冷静；爱群居，也爱独处。像今晚上，一个人在这苍茫的月下，什么都可以想，什么都可以不想，便觉是个自由的人。白天里一定要做的事，一定要说的话，现在都可不理。这是独处的妙处，我且受用这无边的荷香月色好了。

曲曲折折的荷塘上面，弥望[1]的是田田的叶子。叶子出水很高，像亭亭的舞女的裙。层层的叶子中间，零星地点缀着些白花，有袅娜地开着的，有羞涩地打着朵儿的；正如一粒粒的明珠，又如碧天里的星星，又如刚出浴的美人。微风过处，送来缕缕清香，仿佛远处高楼上渺茫的歌声似的。这时候叶子与花也有一丝的颤动，像闪电般，霎时传过荷塘的那边去了。叶子本是肩并肩密密地挨着，这便宛然有了一道凝碧的波痕。叶子底下是脉脉的流水，遮住了，不能见一些颜色；而叶子却更见风致了。

月光如流水一般，静静地泻在这一片叶子和花上。薄薄的青雾浮起在荷塘里。叶子

① 弥望：充满视野，满眼。

和花仿佛在牛乳中洗过一样；又像笼着轻纱的梦。虽然是满月，天上却有一层淡淡的云，所以不能朗照；但我以为这恰是到了好处——酣眠固不可少，小睡也别有风味的。月光是隔了树照过来的，高处丛生的灌木，落下参差的斑驳的黑影；弯弯的杨柳的稀疏的倩影，却又像是画在荷叶上。塘中的月色并不均匀；但光与影有着和谐的旋律，如梵婀玲[1]上奏着的名曲。

这里写光和影的视觉享受，又比以小提琴奏着名曲的听觉盛宴，同样是多感官的交融描写。

荷塘的四面，远远近近，高高低低都是树，而杨柳最多。这些树将一片荷塘重重围住；只在小路一旁，漏着几段空隙，像是特为月光留下的。树色一例是阴阴的，乍看像一团烟雾；但杨柳的丰姿，便在烟雾里也辨得出。树梢上隐隐约约的是一带远山，只有些大意罢了。树缝里也漏着一两点路灯光，没精打采的，是渴睡人的眼。这时候最热闹的，要数树上的蝉声与水里的蛙声；但热闹是它们的，我什么也没有。

描写景物，要注意写景的层次，由眼前的荷塘写到荷塘四面的杨柳，再写到树梢上隐约的远山，由近及远，写景井然有序，层次分明。

写景还要融入情感，蝉声与蛙声的鸣叫最为热闹，但是作者似无意点染的一句“热闹是它们的，我什么也没有”，将静夜中不满现实，渴望自由，意欲超脱又苦于无法摆脱现实羁绊的复杂情绪表露得更为自然。

忽然想起采莲的事情来了。采莲是江南

① 梵婀玲：英语小提琴的音译。

的旧俗，似乎很早就有，而六朝时为盛，从诗歌里可以约略知道。采莲的是少年的女子，她们是荡着小船，唱着艳歌去的。采莲人不用说很多，还有看采莲的人。那是一个热闹的季节，也是一个风流的季节。梁元帝《采莲赋》里说得好：

描写景物时引用古诗文，可增加作品的文学色彩，美景佳句相映成趣，更值得玩味。

于是妖童媛女[①]，荡舟心许；鹢首[②]徐回，兼传羽杯[③]；棹将移而藻挂[④]，船欲动而萍开。尔其纤腰束素[⑤]，迁延顾步[⑥]；夏始春余，叶嫩花初；恐沾裳而浅笑，畏倾船而敛裾[⑦]。

可见当时嬉游的光景了。这真是有趣的事，可惜我们现在早已无福消受了。

于是又记起《西洲曲》里的句子：

采莲南塘秋，莲花过人头；低头弄莲子，莲子清如水。

今晚若有采莲人，这儿的莲花也算得“过

---

① 妖童媛女：俊俏的少年，娇媚的女子。妖，艳丽，娇媚。媛，美好。

② 鹢（yì）首：借指船头。鹢，一种像鸬鹚的水鸟，古代常被画在船头作装饰。

③ 羽杯：古代饮酒用的杯，作雀鸟形，有头尾羽翼。

④ 藻挂：指水草附在船桨上。

⑤ 纤腰束素：白色的丝绢束着细腰。

⑥ 迁延顾步：形容走走退退不住回视自己动作的样子。

⑦ 敛裾（jū）：这里是提着衣襟的意思。裾，衣襟。

人头”了；只不见一些流水的影子，是不行的。这令我到底惦着江南了。——这样想着，猛一抬头，不觉已是自己的门前；轻轻地推门进去，什么声息也没有，妻已睡熟好久了。

朱自清散文的特色

朱自清的散文中有不少是写景的名篇，他不仅将古代散文中的写景艺术技巧运用自如，谋篇布局、遣词造句又有自己独特的风格，具体表现如下：

1. 自然逼真。朱自清提倡“写真”，笔触所及，风霜雨雪、山光水色、花草树木都特征鲜明，读来如在目前。文中的景物描写，不仅得天然之势，又气韵生动。他在写景时，在“活”字上下尽功夫。

2. 如诗如画。写景散文须蕴蓄作者独特的情思。朱自清的写景散文常以诗为文，融情于画。或借景抒情，显豁宣泄，或寓情于景，含而不露。不掩饰，不造作，更不卖弄，无论直抒胸臆还是曲笔流露，抒的都是活的真情。

3. 妙喻增蕴。朱自清善设喻，文中频现的妙喻极易引读者入境。他总是将自己对景物的精细观察体验、丰富的奇思妙想和真切细腻的情感融为一体，爱用拟人和博喻，从色彩、形态到物体的质感多方刻画，带给读者多层次的联想和美的体验。

2. 在草原上[1]

⊙端木蕻良

“山伯奥！”

我站在草原上，看着初升的太阳，露水沾在碱草上面像粒粒珍珠挂在白珊瑚枝上。

内蒙古大草原呀，人们都说你辽远，是呀，太阳从东海出来，它的光线要在一个半钟头之后，才能照遍整个内蒙古大草原！但是，伟大祖国的阳光却无日无夜永远普照在草原上人们的心中……这就使我不禁会想到你离北京又多么近呀！

我站在草原上，向着晶莹的露珠喊道：“山伯奥！”向着璀璨的朝霞喊道：“山伯奥！”向着蔓蔓的碱草喊道：“山伯奥！”我要问候草原所有的一切：“山伯奥！”“您好！”

在这顷间，远处一支牧笛正送来《草原之晨》的歌声，笛声追着阳光的波浪飘向远方，人们都会听出这笛声是从这里来的，因为只有草原的笛声才会这样清新明媚。

---

① 选入本书时有删改。

刚刚拍动着翅膀的百灵鸟，翅儿还带着宿露，所以它飞得不远便落下去，才又飞起来……

百灵鸟早晨第一声的歌唱，也正唱着：“山伯奥！”

草原上的一天就这样开始了！

分群放牧的母牛、小牛、种马、羔羊都出圈了。打草队挥舞着长镰在割草了。拉长音的：“顺——山——倒！”的放木声，在山谷里传得特别悠远。

白云鄂博的劳动的欢歌在晨曦中荡漾，包钢的钢花和朝霞争彩。水库发电了，多少条干渠开闸给水了，黑水正在灌田，辽河两岸的稻香伴着荷香随着湿润的空气飘来……

黄河古渡头前现代化的糖厂正在炼制颗粒晶莹的砂糖，牙克石乳品加工厂的离心器正像粉雾似的飞落着乳粉……

这时，草原上刚飞起的第一只百灵鸟正在唱着：“山伯奥！”

记住百灵鸟的最初的歌声吧！它对着你最先唱的，总是一声：“山伯奥！”这就是蒙古语问候的意思，因为这是它的家乡话。当你再碰到百灵鸟的时候，你细细地听吧，它是从不会忘记向你致送这最亲切的问候语的。

数不尽的花草

草原上有数不尽的花，万里草原上开遍了万里的花，这么一幅漫无边际的草毡铺开去，铺开去……简直没有尽头。

草原上的野花随着星辰转换，室女座当令的时候，粉妆玉琢的大朵的山芍药到处开；天琴星当令的时候，野罂粟花开了；

狮子座当令的时候，金针花开了。

呼日伦花放蕊，草原上羔肥圈满，紫苹苹花放蕊，初生的三河马小马驹像梅花鹿似的跳跃着，僧帽花放蕊的时候，那西莫特母牛每天可以给榨奶姑娘六十多磅乳汁。

草原上有两个湖泊，一个是呼伦池，一个是贝尔湖。传说她俩原是两姊妹，呼伦是姐姐，贝尔是妹妹，她俩把草原上的雨水储藏起来，然后再舀给牧民们，为他们饮牛饮马。在苏木布勒山还是一块石头的时候，松达赉海还是一滴水的时候，这里就铺了青草，开了野花，但是从来没有今天这样妖艳，就像草原上从来没有过这么多的牲畜群一样。

那仿佛用绸片缀起的黄色的花朵，像一个小小的金碗似的倾斜在亭亭的长茎上，这是野罂粟。那长得像翠鸟的嘴儿似的，一串串的紫色的花，它是百步根，牧羊人都认识它，而且常常在背包里采集着一些百步根，因为用它煎的水，可以把生病的羊治好。那轻盈得比得上一只只小燕子的小蓝花，它有个美丽的名字，叫作天仙子。老农都认得它，因为它是最好的农药。那像放大了白高粱花一样的花儿，生得遍地都是，这就是人们都知道的韭菜花。它那几何形的花序别有一种诱人的风致。那开得最茂密的蹿得最高的，就叫柳蒿芽儿花，它一开就是一大片，像翠蓝的云片一般覆盖在草原上面……

草原上到处都是草，有草就有一切，草的丰收就是牛羊的丰收。我们这里有多少英雄打草队，他们用光荣的英雄名字来命名，黄继光队，邱少云队，还有更多的队，他们就是要收割更多的草。

俄勒特鸟开始鸣叫的时候，夏天来了。雨水渐渐多了起来，草儿几天就催起来。盘错的草根下都蓄着雨水。草儿水汽重了，显得花叶都沉甸甸的，不愿抬起头来。风儿来了，也只能是在草顶上掠过，草棵则纹丝不动。空气是湿润的，嫩黄色的黄鹂在飞鸣，来到这里的人都说："风光恰比江南好！"

是呀，任什么地方也没有这么大的草毡，任什么地方也没有这么多的花。它明媚秀丽，而又宽阔雄浑。从它心中涌出来的歌声，是色拉西的马头琴的声音，是哈扎布唱歌的声音……

草原的花儿永远在我的心头盛开着，不管我在天安门前参加那万人歌舞的夜晚，或者是在我独坐案前静静地工作的时候……

鹰

据说，草原上的鹰，它栖息在哪儿，它尾巴翎毛的花纹就像哪儿地上的景象。据说，草原上的鹰的羽毛的颜色按照季节随着草色变换。

蓝天，白云，多么邈远[1]，鹰在飞翔。

平铺的草地多么宽阔，鹰在飞翔。

鹰在俯视着草原。当它两翼并拢，由空直下，张开它的利

---

①邈（miǎo）远：遥远。

爪的时候，正是它看见了那黄鼠出动的时候。

黄鼠是草原人的第一号敌人，它撒播的病使这儿成了世界知名的病疫区。

十年来草原上的人们用鹰一样的敏捷和准确的行动，消灭着黄鼠。

鹰在俯视着草原。海东青的名字多么响亮！想想看，蒙古族健儿，骑着枣红马，臂上架着海东青，在草原上骑猎的光景，该是何等有声有色！

鹰啊，据说你的心脏可以跳动一千年。鹰啊，现在你受到人民的保护，愿你任意地飞翔吧！

鹰啊，你不是听见蒙古族青年唱的《雄鹰》的歌声了吗？

> 不怕暴风和骤雨，
> 年轻人你爱生活吗？
> 愿你展开翅膀飞翔吧！

虹

七色的虹从达赉湖上扯起来，它恰好在饱含着水珠的天空上划了半个圆圈。它大概有三百里长吧，因为它这头在达赉湖的北岸，那头跨上达赉湖的南岸，达赉湖南北恰好是三百里。

饱含水珠的天空是透明的，七彩虹在环内天空上还映照出一道七色虹来。云气有的重了，还在下移，轻的，还在上扬。天空上湖光的倒影，彩虹的反光，还在瞬息变幻不定。

彩虹是幸福的桥。从它上面会联想到多少闪光的故事呀……

草原上没有水果，但是今年葡萄挂枝了，林檎[①]树一棵结了七百多斤。草原天天在变样。北京鸭在达赉湖边安家了，南来的雁因为天气转暖而不愿回去。

木兰到过的黑水头，现在稻香洋溢。昭君睡着的地方，出现了一座新城。

这里的牧民传说虹是龙吸水。虹的一端是龙头，一端是龙尾，龙把头插到湖里在吸水呢！

我的眼前出现了天上双虹，这就是古人所说的虹霓。古人把内环叫作虹，外环叫作霓，内环也叫正虹，外环也叫副虹。这里的人则说正虹是雄的，副虹是雌的，只能看，不能指的。

天空出现这七色的双重的环，一半在地平线上面，一半在地平线下面，现在我从湖面上面望去，在湖中的倒影里也会看到另一半的双环，这的确是一种奇观。

达赉湖上的彩虹是瑰丽的，瑰丽得像大草原上人们的事业一样。刚洒过雨滴的草，娇绿娇绿的，就要随着水珠流去，彩虹桥下青春的河在流着……

莫尔格勒河

我走过多少河，没有蹚过这样的河；我看过多少水，没有

---

① 林檎（qín）：落叶小乔木，叶子卵形或椭圆形，花粉红色。果实球形，像苹果而小，黄绿色带微红，也叫沙果。

见过这样的水。

在碧绿的草茵上面，莫尔格勒河宛转萦回地流着。它像中国古典图案的云子卷，它像锦袍上的绣花绦子，它像一线嵌银的银丝，镶嵌在碧玉的冰盘上面，它又像春天里一缕晴丝，系绊着从它身畔走过的行人。

有人说，莫尔格勒就是相对流水的意思。因为它简直是九转回肠，百结相思，水路纠曲，辗转翻折，这段儿向东流，那段儿向西流，这段儿向南流，那段儿又向北流。

有人说，莫尔格勒是聪明河的意思，因为这条水，含情脉脉，顾盼生辉，流动着一副伶俐巧慧的眼波的缘故。

也有人说，莫尔格勒是交结的意思，因为它曲曲弯弯，缠绵不断，互相纠结的缘故。

莫尔格勒河没有好宽，窄窄的一幅绦带，尽是任情折转，成为全国第一条曲水。历来人们都艳称兰亭曲水，但是兰亭的曲水怎么能比得上莫尔格勒河的百转千回！

莫尔格勒河有二百多里长，它从不忘记打转盘旋。恋家的孔雀一步一回头，滋润着草原的河水，一步一转弯……

这一带草原就是蒙古族的发源地。现在这里仍然是纯牧区。这里河流多，水土肥，所以牧草丰美。莫尔格勒河就像襁褓衣带似的萦绕着草原上的儿女。

现在陈巴尔虎旗的二十八万只牛马，都正在饮着同一条河的流水……沿着莫尔格勒河都是牧民的夏营地，牧民们都临时在这里搭上轻便的蒙古包，在两岸丰腴的草甸上放牧。

清泉细水流过的地方，
流动着可爱的羊群。
像那吐蕊的韭菜花，
随风飘散芳香。
在翠绿的草原上，
饲养着无数的羊。
像那“纳林花”一样，
一年比一年开得旺。

莫尔格勒河清楚地记得，在最早的年代里蒙古族健儿骑着马，背着箭袋在它的两岸狩猎的光景。莫尔格勒河更清楚地记得，在过去的年代里，这里曾经受过大风雪，夺去他们的牛羊和马群。莫尔格勒河更清楚地记得，牧民幻想着一位苍天赐给的英雄，阿斯尔查干海青，他征服了可怕的牛羊的瘟疫。莫尔格勒河也清楚地记得，人们传说聪明的“朝代”坐着勒勒车到处传播舞蹈，用欢乐的舞蹈和慰抚的歌词来消除病痛女人的苦恼……

只有今天，莫尔格勒河才流出幸福的乳汁哺育着草原上的儿女，看到他们在建设祖国的大道上骑上快马飞驰……

只有今天，莫尔格勒河的美丽才全部焕发出来。蒙古族姑娘穿着绿色库缎的袍子，要是不系上一条彩绸的腰带，那怎能行呢！呼伦贝尔草原要不流过一条宛转轻盈的莫尔格勒河，那怎能称得上美丽呢！

也只有今天，草原上的儿女才能报答以满天星斗般的牛羊，清泉般的马奶酒和牛奶酒，还向她奉献了那欢乐的歌舞。

也只有今天，莫尔格勒河的名字才传遍了南北东西……

而且，只有今天，也唯有今天，莫尔格勒河岸边才成为改良三河马的基地。

看呀，栗色的三河马，游龙似的沿着莫尔格勒河奔驰着。

蒙古族人民自古是喜爱马匹的，他们在蒙古包的进口上面，总是画着一匹奔驰的宝马，腾空飞驰，用这来代表他们对于幸福的向往。蒙古族人民相信幸福的紫气一定会从东方来。果然，东方红了，太阳升起来了，紫气果然从东方来了。也只有今天，这沿着莫尔格勒河飞腾的宝马才有了现实的意义。

让宝马飞腾吧，在革命的大家庭里，幸福永远会像莫尔格勒河一样萦绕着大草原！

3. 武夷山九曲溪小记

⊙林　非

怎么会有这样弯弯曲曲的溪涧，缠绵地围绕着苍翠的山崖？怎么会有这样青青秀秀的丘壑，紧密地偎依着碧绿的流水？我竟怀疑自己是否在缥缈和朦胧的梦里了，轻轻地揉了揉眼睛，又放下双手，拍击着竹筏两侧的溪水，如梦如醉的幻觉才渐渐消失，分明感到这是白昼的游程，而且还深深地领悟了，山和水本来就应该是拥抱在一起的情侣。

然而我走到过天涯海角，却还没有瞧见像这样朝朝暮暮都相亲相爱欢聚在一起的山和水。这深情地荡漾着山峦倒影的微微水波，这倾心地张望着一汪碧潭的小丘小壑，似乎永远都默默地诉说着蕴藏在心里的爱情。

这山光水色的情侣，美丽得玲珑剔透，娇小妩媚，实在太迷人了，谁只要瞧上它一眼，肯定会留下刻骨铭心的印象，成为终生难忘的回忆。

竹筏飞也似的往下游移动着，哪里来得及细细地咀嚼和回味，还是静静地坐着，默默地张望着密密层层的树木和重重叠叠的嶂峦，纷纷扬扬地掠过自己眼前，真让我应接不暇。这滚圆的山顶，是古代抑或异邦的城堡？而紧挨着城堡挺立在那儿的，难道不是一匹体魄庞大的骆驼？瞧它昂着头，耸着背，像要跟随我乘坐的竹筏一起向前迈步，多么的坚强，充满着毅力，永不止息地跋涉。我刚才瞧见的，还是蕴含着一股俊秀之气的景致，顷刻间却又迎来了这刚劲和健壮的象征。我怀着满腔的激情，仰望这骆驼背后湛蓝得像大海似的天际，只见一团团的白云冉冉地飘浮着，我顿时又醒悟了，美还应该是辽阔的，无边无际的。真得感谢这武夷山的九曲溪，瞬息间就给予我多种多样的美感。

在小溪里不住翻滚着的漩涡，奔腾得更湍急了，更汹涌澎湃了，原来一座低矮的峰峦在这儿拐过弯去，流淌的溪水砰訇地冲撞着它。我赶紧伸出手去，抚摸着它凹凸不平的缝隙，这近在咫尺的峭壁，多么像一块颀长和端庄的石碑，千万年来始终在这儿亭亭玉立，脉脉含情。尽管它没有任何文字，尽管它不会妙曼地歌咏，却蕴藏着多少让人们猜测和感喟的沧桑往事。

还来不及开始思索，竹筏又顺着弯道向下游漂去，只见绿茵茵的草地后面，那一片高高耸起的竹林，多少青翠欲滴的叶子，在微风中飒飒地摇曳。这蓬蓬勃勃的万绿丛里，还无声无息地矗立着一座峭岩，在它逶迤起伏的石壁上，像是曾被力大无穷的壮士，挥舞着手中的利剑，刻画出数不清的印痕，于是这幽深和静谧的峡谷，就不仅使人沉醉和痴迷，还鼓荡着一股壮怀激烈的豪气。

竹筏又掠过一列比城墙还光滑和高耸的峭壁，只见那硕大和壮丽的暗红色巨石，绵延着横亘在小溪之滨，约有半里之遥的路程，巍然屹立，气势磅礴，也许是千军万马都无法将它攻克的。我真想朝着这雄伟的高墙长啸一声，还没有等自己发出声音，却已有多少乘着竹筏的游人，争先恐后地叫喊起来。这高亢的男声，这悠扬的女声，像多少箭镞似的一起射向平坦的岩壁，立刻又被弹拨了过来，这些震荡的回声融汇在一起，像一曲交响乐似的，充满了欢乐的向往和惊讶的赞叹。多么秀丽和神秘的山水，把前来接受洗礼的远方游子，几乎都变成了潇洒而又钟情的诗人。

九曲溪的水啊，你流得太匆促了，让竹筏无法静静地停留，也让我无法细细地鉴赏峥嵘竞秀和流水淙淙的万种风情。刚抬起头还没有看够山崖的姿态，这碧带缭绕似的溪涧，又飞也似的消逝了。要是能多长几双眼睛就好了，可是现在怎么办呢？只有暂时把眼光离开这奇异的峰峦，低头多看一眼柔情脉脉的碧水。

同样是神秘莫测的九曲溪，刚才还照见清澈的浅滩，多少浑圆的石子、方正的石块和棱角歪斜的石板，纷纷点缀在沙粒和泥土的顶部。几条乌黑的小鱼，悠然自得地游弋着，大概不会知晓自己被日光折射出的影子，也在水底晃动着。我把手伸进水去，抓住了一块有缘相识的碎石，还溅出一阵晶莹的水珠，却抓不住摇摆着尾巴、翕忽离去的这一群小鱼，它们又在几茎青色的水藻中间无忧无虑地嬉戏了。

然而当竹筏转过弯去，就又让我浮游于碧澄的深潭上，波平如镜，水光潋滟，绿油油的，亮闪闪的，映照着苍翠的丘壑，映照着紫褐的悬崖，映照着飞过天空的小鸟，映照着蹲在竹筏上的多少红男绿女。

听说在有的地段，这迷人的碧水，竟深达六七丈之多，这就有四五层楼房的高度。如果正眺望着旖旎的山水时，一不当心掉进绿色的深渊，死亡会立即在毫无准备的精神状态中降临，原来在笼罩着美的氛围中，在寻觅、追求和浏览美的时刻，竟也悄悄埋伏着死亡的危机。向美好境界的攀缘，难道真会潜藏着死亡的险峻之路吗？这似乎有点儿危言耸听了，不过比起躲在狭窄的小屋里，或者只在湫隘的街道上行走，确乎是一条相当艰险的路，难道为了惧怕这偶或袭来的危险，就不再去寻觅和游览迷人的山水，这不是太遗憾了吗？

正在不知所云地幻想时，我乘坐的竹筏已经冲过峡谷，掠过飞溅的浪花，在浅浅的沙滩上漂浮起来，于是我又抬起头，从容地张望这拔地而起的山丘，有的像折成好几叠屏风似的站立着，还有像即将启碇的船舶一样昂扬着。更有像紧紧收敛着翅膀的金鸡，在群峰的顶巅报晓；像高昂着头颅的猛虎，在弥漫的云雾里呼啸，是它唤来了满天的烟云吗？怎么刹那间就只见白茫茫的一片，飞快地滚动着，奔腾着，扩展着，遮住了所有的丘壑。我自己也像被这大海的波涛包围住了，怎么顷刻间就将这玲珑娇小的丘壑，变成了无边无际的沧海呢？正激动和兴奋时，云雾又纷纷消散，竹筏也抵达了闻名遐迩的玉女峰底下。

在湛蓝的天空和灿烂的阳光下面，我凝神张望着这挺拔的峭岩，好一派稚嫩和洁净的鹅黄色，真是光彩照人，而峰顶葱茏的草木，又宛若美女头顶的玉簪，也许正是这样的缘故，才被人喊出如此娴丽的称号吧。两条从上至下的缝隙，深深地镌刻于这俊秀的岩壁，像是将它分成了高矮参差的三截。右侧两截耸立的山崖，也许是千万年来被风雨剥蚀的原因，竟像是曾有技艺高超绝伦的雕塑家，在这儿镌刻出好几根巍峨壮观的石柱，而在这些顶天立地的圆柱中间，似乎有无数的回廊和大门，通往虚无缥缈的宫殿里去。左侧最低矮的这块岩石，圆滚滚的顶儿，横着两道细小的缝隙，隐隐约约地像个慈祥和蔼的老人，正眯着双眼站在雄壮的穹门旁边。

真是的，左瞧右瞧，反复揣摩，都看不出亭亭玉立的少女模样，是谁给它取了这个“玉女峰”的名称？为什么会传诵得如此的响亮？是不是因为几乎人人都爱美丽的少女，于是对这个不太贴切的名称，也高高兴兴地认可和接受了？然而每一个人都应该赋有自己独立的审美眼光，对每一种美丽迷人的山光水色，都必须说出自己心里的印象。唤出最能够传达它神韵的声音，这就一定要改变人云亦云和盲目服从的习惯。我多么希望每一位前来武夷山漫游的朋友，都好好运用自己的眼睛去观看，启动自己的心灵去感受，把这九曲溪畔的三十六座峰峦，都叫出一个最确切和美丽的名字，都唱出一支最睿智和激越的歌儿。

正在思忖间，竹筏已经停泊在高高的大王峰底下，于是悄悄地跨上岸去，一双眼睛始终都离不开这座迷人的悬崖，真不明白它怎么会有如此奇异的形状？它纤细的腰部，竟托起了宽阔的顶巅，像一朵硕大无比的鸡冠花，开放在白云飞卷的半空中。在平整和光润的岩壁上，还可以看出有一道裂罅，从顶端贯通下来，像是勾勒出两幅左右并列的图画，多少纵横交错和雄浑深沉的线条，多少蓊郁茂密和青翠如碧的草丛，似乎在微风里轻轻呼叫着我。几棵孤独的小树攀缘于悬崖顶巅，不知道在飘浮的云彩中沉思冥想着什么？我真的不懂得，为什么大自然的鬼斧神工，能够挥洒出如此苍莽寥廓的境界？大概因此才有人很崇敬地称呼它为“大王峰”，这确乎是很容易理解的。

那么钟灵毓秀的人们，也应该坚持不懈地去创造美，去建树新颖和神奇的人生历程，而决不要跌落在平庸和琐屑中间，浪掷自己的青春和生命，这就是武夷山九曲溪给予我的深切启示。

1994 年 10 月

4. 雪山景物记[①]

⊙张孟良

雪山与冰湖

初夏时分，骑上骏马上雪山，是最理想不过的。这时，盛夏将到，高山积雪已经融化，给雪被遮盖了半年多的山坡上，又现出了飘带似的羊肠小道。蔚蓝的天空因为很少受到沙尘的渲染，澄清得像一片碧绿的湖水。举目远望，洁白的博格达主峰，给人们以雄伟美丽、仪态万方的感觉。风吹来，山上白雪漫舞，好像是蓝天飞过一片片乳白的轻纱似的流云，又像是春季清晨笼罩大地的雾纱……

这里固然有绝崖、陡壁、喷泉、草地，但更为离奇的却是那波光粼粼的冰湖。那湖水碧蓝见底，湖面映浮着远山的倒影。在霞光尽染的傍晚，你在湖边草地支起帐篷，生起篝火，看明澈的冰湖里的繁星，和那被篝火染得一片通红的雪山，简直忘

① 选入本书时有删改。

掉盛夏的酷暑，如置身神话世界了。

天然公园

不同的地理环境和不同的季节变化，给雪山带来不同的面貌。

夏季的雪山是由冰河、冰蘑菇、雪桥、冰晶宫等联合组成的天然公园。冰河水声潺潺，清澈而明净，不时翻滚着银色的浪花，急急地向山沟流去，宛如银色的白缎。

在行进中，也许你会被滚滚的冰河所阻，使你进退两难。然而，就在这冰河上却会出现巧夺天工的雪桥，使你如绝处逢生般地到达彼岸。冰蘑菇，头黑身短，一个个好像戴着草帽的巨人，在雪面上蹲着。行走在这如琉璃似水晶的冰雪世界里，你除了见到冰河、雪桥、冰蘑菇以外，还有那圆圆的冰杯，杯里满盛着清清的雪水，在雪面上整齐地排着队；冰花，像怒放的鲜花似的，由于阳光的照耀，向你闪烁着五彩缤纷的奇光。那鲜花有的像仙人掌，满身披着尖刺，尖刺上又满戴着像珍珠样的圆粒，看起来是那样可爱。但是只要你一脚踩下去，那银光闪闪的冰花就像落地的玻璃一般碎裂开来，又恢复了冰雪的形态。当你在明镜似的冰湖边观赏时，你会看到奇光闪耀的冰晶宫。有的冰晶宫长达八米，宽约十三米，高达二十五米以上。冰晶宫的上部和四壁一片蔚蓝色，不时闪着碧蓝的彩光。当你进入其中，顿觉寒气逼人。地上铺着玻璃状的冰层，光滑而明亮，好像哪个高明的工匠铺上的大理石地板似的。冰晶宫的前檐，倒挂着密密的冰柱，长达十多米，呈天蓝色，远看宛若森林，近看又像一根根竹笋。想来，这就是冰晶宫的门帘了。

雪山日出

雪山日出，比平地来得迟。当红日从万山丛中冉冉升起、万道霞光染红天空的时候，那银白色的雪山，好像少女点上胭脂的面颊，显得格外娇艳。当红日的万道金光射到冰峰上的时候，又像给银光闪闪的冰峰戴上了镀有黄金的桂冠。在夜雪晨晴、云雾弥漫的时候，雪峰高出浮云之上，你仿佛踏上浮云，向云海飘然而去，去追赶那初升的旭日。

当红日高照、云海渐消时，你又会感到像巨龙奔腾，遨游山谷。就在这时光，你也许会听到一声巨响，这声响如山崩地裂，远达几十里地；随后，只见雪山上乱石崩云，雪花舞飞。那一堆堆崩起的雪柱，犹如海上龙卷风卷起的水柱，在雪山上开放着朵朵冲天银花。这就是雪山日出时罕见的雪崩。

雪山上的生命

雪山上有生命吗？

有。

清晨，你可听到咕咕的雪鸡叫声，那声音忽而由远而近，忽而由近而远，在山头上叫个不休。雪鸡是十分珍贵的飞禽，有家鸡那样大小，羽毛似芦花，嘴似鹰嘴，翅膀已退化，寻食于海拔三千米左右的高山，是一种耐寒的禽类。有高山生活经验的人，常常利用夏季雪鸡繁殖的季节，到山坡上寻找拳头大小的雪鸡蛋。同时，歇憩在花草丛或岩石旁的云雀和各种羽毛美丽的小鸟，开始唱起了轻快的晨曲。然而，在晚霞轻抹冰峰的时刻，在不远的山头上，你又可见三五成群的野山羊的格斗和竞驰。有时它们会在山岩上久久站立不动，好像是在欣赏雪山日落风光。在冰湖畔，你可看到水面游荡的野鸭。雪后清晨，你还可在雪地上见到鼠类、狼和狗熊的足印。显然，它们经过一个通宵的寻食、狂欢，已经睡觉去了。

高山上的植物，真是无奇不有。

当动人的春天一来到冰峰雪岭之间，高山植物就迅速地繁殖着，争取在两个多月的无霜期里，迅速地发芽、开花、结籽。为了避免暴风雪的袭击，它们生长在河谷里，朝阳的山坡，或背风低洼的峡谷。在这里，植物的叶均具角质，生绒毛，幼芽及新叶多肉质，身干粗短，枝叶厚实；它们的花朵开得玲珑小巧，大如铜钱，小如桂花，常常是成片成群，密匝匝地挨在一起，构成一条条、一圈圈的天然花束，那五彩缤纷的百花相互交错，在一片片青青的草地上，好像用彩线绣成的锦缎。在这些花草中，有山地毛茛、玄参、小叶全老梅、小葫芦苗等，名称繁多，有些花草也说不上叫什么名字，在高山上自开自谢。

天山上的花草，虽然没有人工培植的那样艳丽，但它们却各具独特奇妙的风姿。它们任凭风雪吹打，有着坚韧顽强的生命力。

然而，在这些百花中，最引起人们兴趣的还要算雪莲花。雪莲花状如荷花，花瓣雪白透明，如洁白的彩绸；花蕊有紫色和紫红色的绒球。花叶尖而长，呈天蓝色，微风过处，摇曳生姿，乍一看你分不出是雪莲还是荷花。更奇妙的是铺展在雪莲周围的绿茵茵的牧草，风吹来，犹如一池碧波，将一阵阵清新的芳香，向你鼻孔直扑。雪莲花生长在三千米左右的群山峻岭，能在零下二十摄氏度的严寒里盛开，是一种极耐寒的花中之王。

朋友，雪山是如此广大，雪山景物真是无奇不有，我的见闻怕很难满足你的要求吧！但愿你能身临其境地也去那奇妙的地方一游。

整本书阅读

飞向太空港

⊙李鸣生

阅读导航

你仰望过天空吗？你设想过去天空旅行吗？明亮的太阳在无边的蔚蓝中漫游，闪烁的星星被沉沉的夜色托起。那里，该有多少故事，故事里该有多少神奇的秘密！

你一定向往着飞向太空，向往着去探究那神奇的秘密吧？然而，从地球到太空何其艰难！它需要无数人用汗水、心血、青春甚至是生命来换取。

《飞向太空港》是一部优秀的报告文学，讲述了中国“长征三号”运载火箭首次在西昌发射场成功发射美国“亚洲一号”通信卫星的故事，也就是人类飞向太空的故事。

作品以当时国际航天时势为纬，辅以史实，穿插人物介绍和作者的独到见解，将中国航天人为促进中国航天事业的发展所做的努力和所经历的艰辛一一呈现在读者面前。书中既有中美专家在大凉山深处的合作与友情，也有中西方两种文明在发射场上的碰撞与冲突，让我们在了解历史真相的同时，又能从人性的高度去反思生命存在的意义，可以说开创了中国文学书写“空间文明”的先例。

作品内容丰富，描写场面恢宏。既有统帅的运筹帷幄，又有敢死之士的冲锋陷阵；既有天空风雨雷电的轮番挑战，又有人间气冲霄汉的声声呐喊；既有高朋贵友的亲临观战，又有细民家眷的翘首以盼；

既有万事俱备坐待东风的从容，又有始料不及事发一瞬的震惊……

在作品里，你能看到作者以一种异乎寻常的勇敢、热情、智慧和毅力开辟崭新的文学天地（航天文学）的进取精神，看到一种吞吐时代风云、勾勒航天历史的史家与作家融为一体的胸襟、眼光、抱负和气概，看到一种呼吁人类团结合作以开拓空间文明、探寻未来新家园的热忱。

精彩选篇

天空让人想起使命（代自序）

一

我要说的，是天空。

先做一个假想：假如有一天，天空突然坍塌，世界将会是一副什么模样？假如有一天，天空突然消失，人类又会是怎样的惊慌？

也许，人类真的有过天空坍塌的日子，不然怎么会有“女娲补天”的神话？也许，世界真的有过没有天空的岁月，要不怎么会有“盘古开天地”的传说？

没有天空的日子，人类究竟熬过了多少世纪，而今恐怕已经没人说得清了；但没有天空的日子一定很悲惨，我想应该是可以肯定的。想想吧，莽莽苍苍，混混沌沌，江河泛滥，群山倒立，空间爆炸，时光倒流。没有云彩，没有太阳，没有星星，没有月亮，当然也没有足够的空气。人类在黑暗中爬行，在冷风中哭泣，在洪水中挣扎，在地火中呼喊……昏暗中一切的一切，没人看见，无人知晓，甚至连上苍也装聋扮瞎。于是可怜的人类哟，从此落下了孤独、郁闷、痛苦的病根。

好在后来有了天空。

有了天空，人，才从天地间站了起来，伸直了腰，抬起了头，睁开了眼，迈开了步，从此得以顶天立地，结束了如动物般爬行的历史。

于是，因了天空和天空下到处乱窜的人，孤独的地球才开始变得有意思起来。

二

我第一次见到天空，是三岁。

那是一个后来才知道叫“漆黑”的夜晚。我想吃奶了，便独自跑到路口，望着黑色的远方苦苦盼望着母亲的归来。后来我睡着了，再后来又醒了，这才发现自己歪倒在地上，小屁股下竟长出一朵朵野花和一棵棵小草。就在这时，我睁开眼睛，看到了一个从未看到的世界：迷迷茫茫的夜空，像个好大好大的锅盖；一颗颗挂在上面的星星，就像母亲的奶头。

这是大自然赐予我的第一个想象，也是我对星空刻骨铭心的初恋。从此，我与星空便有了不解之缘。所谓“情结”这东西，便在我的心底根深蒂固地埋藏了下来。

我的童年，便是在天空的引诱下度过的。那时的我，最喜欢看的便是天空；而我能够和可以看到的，亦只有天空。因为天空慷慨大方，天空大公无私，天空看者不拒。富人可以看，穷人也可以看；大人可以看，小孩也可以看。天空不讲特权，不开后门，白天夜晚，人人平等。而最关键、最划算的是，看天空既不要门票，也不查证件，还不掏一分钱。这对我这个身无分文而又调皮捣蛋的孩子来说，自然是再幸福不过的事了。

儿时的天空在我的眼里像本童话，一有空闲我就会抓紧阅读。虽说这本“童话”于我只是一种兴趣、一种依恋，但感觉还是有的。比如，早上的天空我读到的是清新，中午的天空我读到的是温暖，晚上的天空我读到的则是梦幻。至于天空那些变幻莫测的传奇、稀奇古怪的故事，我就怎么也读不出来了。

许是上苍的意思，我刚刚告别少年，便穿上军装，神使鬼差地闯进了而今闻名天下的中国卫星城——西昌卫星发射基地！

天空，离我似乎一下近了。

但，那时的西昌发射场还是一片原始的荒凉。我年轻的生命在那原始的荒凉中熬过了十五个春夏秋冬。在那十五个孤独苦闷、苦不堪言的春夏秋冬里，有足够的理由让我坚持活下去的，便是天空。

记不清了，不知有多少个失眠的夜晚，我或坐在树下，或靠在岩壁，或躺在草丛，或站在发射场——通向宇宙的门前，望着星空，久久犯傻：悠悠时空，人类从何而来？茫茫宇宙，人类又将何往？这天，这地，还有这人，究竟是怎么回事啊？

后来，随着日子的流逝，火箭的升腾，天空在我眼里不再是一本童话，而像一册厚重的历史，一本自然的原著，一部神秘的天书。渐渐地，我开始读出点内容来了。

我曾无数次注视高山、草原、森林、大海，然而诸如此类的任何一次注视，都远不如仰望天空来得痛快，来得复杂。在我的感觉中，天空如同一个迷宫，锁藏着不可传说的故事；天空像一座大坟，埋葬着永不外露的神秘。天空让我感到无比亲切，又不可把握。她既复杂，又简单，简单得就像一个大〇。而大〇就是大无，大无就是大有。——这是怎样一种大哲学和大境界哟！

于是，每当我伫立于星空之下，仿佛不是在看天，而是在与上苍对话，在和外星人约会，在对宇宙审美。天空宏阔辽远，天空意象沉雄，天空深情而伟大，天空高贵而富有。望着天空，我仿佛能触摸到生命的宽广、人生的悠长；能感受到时空的流逝、万物的生长；还能听到大自然的箫声从远古的岸边徐徐荡来，久久在耳边回响。

不信你瞧，天空就那么大大方方地挂在那儿，任你观望，任你玩味，任你探究，任你欣赏。面对天空，你可以哭，可以笑，可以喊，可以叫。总之，无论你怎样，天空都会宽容地接纳你的一切——哪怕是粗暴的爱乃至敌对的仇视，她都不会有一点脾气。只要你用心去看，相信总有一天你会忍不住说，天空长得真有风度，天空大得真有内容。

感谢上苍的馈赠，十五年的发射场生活，使我比一般人更有条件看到天空，也更有机会随着火箭卫星的一次次升腾，对我们居住的这个星球以及顽强地活在这个星球上的同类进行立体的思索，从而改变了我跪着看待人生的姿势，获得了一个与众不同的审视世界的角度。

三

的确，天空再伟大不过了。

天空苍苍茫茫，万古不语，她留给人类的遗产，全是一个个闪着金子般光芒的谜团。从古至今，人类一直为她所吸引、所困惑，也为她所倾倒、所迷醉。她那无边无际的天幕上挂满的，尽是祖爷爷们无数个大大小小的“天问”！

难怪有人说，当人类的眼睛与天上的眼睛（星星）相互注视时，人类智慧的火花便诞生了。

是的，大自然想了解自己，便把这个任务交给了人。打开人类发黄的历史，不难发现，各民族的古代神话、古代农业文化以及各类艺术文化，无不源于对天空的注视。一册《周易》千古流传，辉煌不衰，是作者观天取相的结果；一部《天问》惊心动魄，流芳百世，是屈翁倾心天国的收获。正是大自然的神明之光，孕育了人类辉煌的古代文明；亦正是天空热情的太阳，温暖了人类沉郁的思想。难怪两百年前德国著名的思想家康德说：“世界上有两样东西深深震撼着人们的心灵，一是我们头顶灿烂的星空，二是我们心中崇高的道德准则。”而一百五十年前德国著名的哲学家费尔巴哈也同样深有感触，他说：“人只有靠眼睛才升到天上。因此，理论是从注视天空开始的。最早的哲学家都是天文学家。天空让人想起自己的使命。”

然而，随着人类文明的发展，科学技术的提升，人类的诺亚方舟渐渐背离了自然沉静大同的港湾，驶向了物欲横流的肮脏世界。

千百年来，纷争四起，炮火连天。渐渐地，自然的箫声隐去了，纯真的梦幻消失了，精神的境界萎缩了，神圣的信仰废弃了，甚至连头顶那片灿烂迷人的天空也视而不见了。人类被滚滚而来的物质文明压得喘不过气来，既直不起腰，也抬不起头，眼睛开始从天空跌落到了地上。

于是，人类开始变得心胸狭窄，鼠目寸光。而且，越来越远离自然，越来越自大狂妄，甚至目空一切，肆无忌惮，连自己居住的小窝——地球，也被折腾得破烂不堪，遍体鳞伤！

所幸的是，在我们这个地球村里，一直有人注视着天空。

四

人类飞天的梦想，一定是注视天空的结果。

然而，地球每天自转一圈，对人类来说相当于每天行程四万公里；同时地球又以每秒约三十公里的速度绕着太阳旋转，对人类来说又相当于每天行程二百六十万公里；而太阳系又以每秒二百五十公里的速度围绕着银河系中心旋转……那么想想看，载着人类的地球如此匆匆不停地旋转下去，有谁知道，这个既没出生证明又无固定住址的“宇宙流浪儿”，有一天会把人类抛到哪个角落？

幸好我们的头顶还有天空。天空中还有别的星球。

而人之所以为人，就在于敢向陌生、敢向无知、敢向神秘、敢向任何不可能进发的领域进发；就在于敢用智慧和力量去寻找、创造一个新的家园；而寻找、创造一个什么样的家园，当初上苍把地球交给人类时，没有文件。

1957 年，苏联的也是人类的第一颗人造卫星上天，拉开了人类寻找新家园的序幕，让人类看到了明天希望的太阳。而人造卫星上天这一伟大壮举恰好证实了爱因斯坦那句名言：“宇宙中最不可理解的事，就是宇宙是可以理解的。”于是，人造卫星上天这一伟大壮举向人类展现的，已不再是一个事实的世界，而是一个无限可能的世界。

因此，从区域文明到地球文明，从地球文明到星际文明，从星际文明再到地球文明，应该是一个无法抗拒的自然规律。航天时代带来的宇宙意识，导致了人类认识的飞跃，从而把人类的思想与情感引升到一个辽远而广阔的大境界。在未来的某一天，人类完全有可能在太空开拓自己的殖民地；甚至当地球文明与宇宙文明最终达到沟通与融合后，人类的脚步会荡遍整个宇宙！

到那时，我想人与自然已复归本体，宇宙文明的时代已经降临，航天飞机不过是人们手上的小玩具。人类已从自我设计制造的枷锁中挣脱出来，将那些写进现代哲学课本里的“孤独”“忧郁”“痛苦”“无聊”等，统统一扫而尽。也许，宇宙公民们还会从各自的星球走来，手牵着手，肩并着肩，欢聚一堂，嬉笑打闹，谈天说地。而地球人回忆的话题一定是：在很久很久以前，我们如何艰难、痛苦地挣扎在地球上。

可见，开拓天疆，走向宇宙，是人类再聪明不过的选择。这不仅是为今天活着的人们找到了一条希望之路，亦为后辈儿孙们留下了能继续生存的机会。因此，从这个意义上说，在通向宇宙的路上，航天人的每个脚印，远比总统伟大！

1992 年夏于北京平安里

阅读规划

阅读本作品，要在理清情节的基础上，重点分析人物形象，充分体会他们的思想品质和精神风貌；学习情节设计的技巧和描写人物的方法。

请做一份阅读规划，边阅读边完成下面的表格：

内容	时间	主要情节	主要人物（性格、贡献、描写方法）	评价与收获
第一章				
第二章				
第三章				
第四章				
第五章				
第六章				
尾声				

交流平台

问题一：“报告文学”第一是“报告”，第二是“文学”。“报告”指内容的真实性，“文学”指表现手法的艺术性。请分析本作品是怎样体现“报告文学”特征的。

提示：1. 搜集相关资料，佐证本作品在主要人物、重点情节上的真实性。

2. 注意分析作品在情节布设、人物描写等方面是怎样做到既讲究“艺术”又不“失真”的。

问题二：中国的“箭”，美国的“星”。书中既有中美专家在大凉山深处的合作与友情，也有中西方两种文明在发射场上的碰撞与冲突。请从“文明交流”的角度，说说他们之间合作的价值和意义。

提示：1. 围绕具体情节，挖掘冲突背后的文化根源。

2. 重点分析人物的心理与语言。

敬启

为编好这本书，我们与收入本书的作品（含图片）作者进行了广泛联系，得到了各位作者的大力支持。在此，我们表示衷心的感谢。但是，由于个别作者地址不详，虽经多方努力，仍无法取得联系。敬请各位有著作权的作者尽快与我们联系，以便我们支付稿酬，并致谢忱！

我们还要感谢使用本书的师生们。希望你们在使用本书的过程中，能够及时把意见和建议反馈给我们，对此，我们深表谢意，并将给予一定奖励。让我们携起手来，共同完成本书的建设工作。

联 系 人：梁老师　张老师

联系电话：010-58022100

联系邮箱：ztxx2008@sina.com

网　　址：http://www.ywztxx.com

地　　址：北京市海淀区知春路7号致真大厦A座18层

图书在版编目（CIP）数据

岁月留痕 / 林楚涛主编. — 上海 : 上海教育出版社, 2021.6

ISBN 978-7-5720-0817-7

Ⅰ. ①岁… Ⅱ. ①林… Ⅲ. ①阅读课—初中—教学参考资料 Ⅳ. ①G634.333

中国版本图书馆CIP数据核字（2021）第142048号

责任编辑　李清奇
封面设计　陈丽娟　王艺霖
著作权人　北京华樾教育科技有限公司

岁月留痕
林楚涛　主编

出版发行　上海教育出版社有限公司
官　　网　www.seph.com.cn
地　　址　上海市永福路 123 号
邮　　编　200031
印　　刷　肥城新华印刷有限公司
开　　本　720 × 1010　1/16　印张 66
字　　数　900千字
版　　次　2021年8月第1版
印　　次　2021年8月第1次印刷
书　　号　ISBN 978-7-5720-0817-7/G · 0633
定　　价　268.00元

如发现质量问题，请向本社调换　　电话 021-64377165